LÉGENDES

ET

SOUVENIRS

DES

HAUTES-VOSGES

PAR

L'Abbé G. FLAYEUX

SAINT-DIÉ — TYPOGRAPHIE ET LITHOGRAPHIE C. CUNY

—

1902

LÉGENDES ET SOUVENIRS

DES

HAUTES-VOSGES

LÉGENDES

ET

SOUVENIRS

DES

HAUTES-VOSGES

PAR

L'Abbé G. FLAYEUX

MEMBRE de la SOCIÉTÉ PHILOMATIQUE VOSGIENNE

———————×х———————

TYPOGRAPHIE ET LITHOGRAPHIE C. CUNY

1902

PRÉFACE

C'est vraiment une bonne idée qu'a eue
M. l'abbé Flayeux d'écrire le petit livre
qu'il offre aujourd'hui à ses amis.

Ces *Légendes et Souvenirs* se rapportent
aux montagnes de la Haute-Meurthe et
aux parages alsaciens limitrophes. On sait
qu'il connait à fond ce magnifique pays
vosgien, où il a reçu le jour et dont il a
retracé l'histoire dans son *Etude sur l'ancien ban de Fraize* et les beautés dans
son opuscule intitulé *Excursions dans nos
Montagnes.*

Les nouveaux récits qu'il édite maintenant forment une excellente contribution

— en même temps que moralisante, ce qui ne gâte rien — aux *Folklore* des Hautes-Vosges.

Il est temps, en effet, de recueillir les légendes populaires, ces histoires naïves et charmantes qui, à travers la mémoire de nos grand'mères, nous sont parvenues et ont bercé notre enfance et enchanté notre jeunesse. C'est faire, à l'heure qu'il est, belle et bonne besogne que de les fixer d'une manière indélébile.

Je ne saurais trop le répéter, il en est grand temps, car elles s'effacent et s'oublient, et bientôt il n'en restera plus de traces.

Les folkloristes ont sauvé déjà beaucoup de ces vieilles traditions, qui sont comme une réminiscence, un reflet de l'état d'âme de nos ancêtres. Ils ont, pour les aider, fondé des recueils tels que *Mélusine*, la *Tradition*, la *Revue des traditions populaires*, etc , dans lesquels ils publient et collectionnent, pour les comparer entr'eux, tous les faits et documents qui sont du domaine de cette science, relativement nouvelle, à laquelle on a donné le nom exotique et un peu bizarre de *Folklore*.

Mais le nom n'y fait rien et il est, à présent, partout admis et répandu. La matière qui fait l'objet des études de la Science qu'il désigne était, du reste, mise en œuvre bien longtemps avant qu'il ne fut inventé. Richard (de Remiremont), dans ses *Traditions populaires des Vosges*, Désiré Monnier dans ses *Traditions franccomtoises*, Aug. Stœber dans ses *Alsatia*, l'abbé Braun dans ses *Légendes du Florival*, Charles Grad et d'autres collaborateurs de la *Revue d'Alsace*, n'avaient pas attendu pour faire de curieuses recherches et d'abondantes trouvailles dans ce domaine encore peu exploré. Et je ne parle ici que pour notre région de l'Est.

Il n'y a pas que des légendes et des contes de fées à sauver de l'oubli. M. l'abbé Flayeux le sait mieux que personne. Il y a tout ce qui se rapporte, tout ce qui touche de loin ou de près à l'âme du Peu-

ple : traditions et chansons, us et coutumes, croyances et superstitions qui, très
souvent, ne sont que des débris de reli-
gions disparues depuis des siècles. Tout
cela, comme on l'a dit fort justement,
nous fait connaître et comprendre les ten-
dances des populations anciennes, leurs
instincts, leur vitalité profonde réappa-
raissant, distincte, sous toutes les trans-
formations politiques.

C'est pourquoi l'on trouve aussi, dans
ce gentil volume, quelques récits concer-
nant les « usages des jours de fête et
jours consacrés » conservés dans nos
montagnes vosgiennes, tels que ceux de
la mi-carême (*les conates*), de Pâques, de
la Saint-Nicolas. Il y aurait plus d'un in-
téressant chapitre à écrire sur tous ces
antiques usages, qui se sont perpétués à
travers les âges. C'est là un sujet tentant
que le pasteur Ch. Roy, (de Bussurel),
dans ses *Us et Coutumes de l'ancien Pays
de Montbéliard*, a traité de main de maître. C'est un travail qui, à mon avis, peut
servir de modèle.

En somme, c'est encore là de l'histoire, et l'histoire politique d'un pays n'est pas complète si l'on ne connait pas les mœurs, les coutumes traditionnelles de ceux qui l'ont habité et l'habitent encore.

Ce sont ces sortes d'études que M. l'abbé Flayeux a entreprises et qu'il continue avec une ardeur dont il faut lui savoir le plus grand gré, et un succès bien légitime. Pour ma part, je ne saurais trop l'encourager à les poursuivre. J'ai un faible très prononcé, je l'avoue, pour ces naïves histoires et ces jolies féeries d'un charme si séduisant.

De même que le répète M. l'abbé Flayeux d'après le bon Lafontaine, je dis sincèrement que

Si *Peau-a'A ne* m'était contée
J'y prendrais un plaisir extrême.

Au crépuscule de la vie, j'aime toujours ces merveilleux récits que l'on me contait dans mon enfance. Je ressens plaisir pareil à celui qu'en ma jeunesse me faisaient éprouver les *Contes de Fées* de Charles Perrault, de la comtesse d'Aulnoy et de

la princesse de Beaumont, et, plus tard,
le *Foyer breton* d'Emile Souvestre et les
Traditions populaires de Franche-Comté
d'Auguste Demesmay.

HENRI BARDY.

Lafeschotte (Doubs), 12 Janvier 1903.

LE

Sacrifice de Jenny

Au centre de la majestueuse forêt qui domine Plainfaing, au Nord-Est, se dresse le colossal rocher de Hangochet. La forêt est une sapinière pure, aux arbres géants, d'un feuillage velouté comme une tapisserie d'Orient ; la roche, cachée dans la profondeur de la sylve, est une immense muraille de quartz et de granit qui semble, avec ses 25 mètres d'élévation, le dernier vestige d'une construction préhistorique, l'œuvre des Titans. Ce n'est point une moraine ; ce bloc, végétation granitique, a poussé là comme les sapins dont il domine encore les sommets toujours verts.

Le centre du rocher est occupé par une excavation, entaillée de main d'homme, pour loger une statue de la Vierge grossièrement sculptée dans le granit même.

C'est N.-D. de Hangochet connue dans toute la vallée de la Meurthe, visitée par tous, implorée par une catégorie de clients aussi fervents que discrets. Les nombreux ex-voto qui tapissent la grotte et les parois du rocher attestent les faveurs obtenues en ce modeste lieu de pèlerinage local. Les béquilles, les bâtons, vous apprennent que bien des estropiés y ont trouvé guérison, et les petits flots de rubans blancs, ternis par le temps et les intempéries, vous murmurent à l'oreille non moins éloquemment mais plus discrètement combien furent exaucées de celles qui sont venues confier à N. D. de Hangochet le secret de leur cœur et solliciter la réalisation de leur rève de jeune fille !

Touchants ex-voto, gardez votre secret; nous vous croyons sur parole, vous êtes des témoignages anonymes, émanant de cœurs naïfs qui ne pouvaient mentir! Du reste, nous n'avons pas mission de faire un rapport sur l'authenticité des faveurs dont vous êtes les témoins, et dont plusieurs sont aussi anciennes que le pèlerinage lui-même. Mais nous voulons, simple chroniqueur, narrer la naïve légende qui est l'origine du pèlerinage et qui s'est accrochée à ce rocher comme les mousses et les lichens.

Je vous la dirai donc telle que je l'entendis de la bouche d'une octogénaire qui en savait long sur le merveilleux de notre pays, telle qu'on la conte chez nous, aux veillées d'hiver, au coin du feu ; tandis que la flamme monte dans le foyer, que la neige bat les vitres et que le vent de la nuit chante dans la montagne.

Le fait remonterait à trois ou quatre cents ans, alors que Plainfaing n'avait pour habitants que des bûcherons et des marcaires. L'un de ces bûcherons, nommé Jenny, vivait seul en sa chaumière, sur le flanc de la colline de Hangochet. A peine adolescent, ses parents l'avaient laissé orphelin, lui léguant, avec cette cabane, un

petit enclos, une vache laitière et les outils de bûcheron.

Jenny était travailleur ; sa journée entière, il la passait dans la forêt, abattant
les arbres marqués de mort par la hache
du gruër ; et chaque semaine, lorsque le
garde du seigneur faisait sa tournée,
comptant les sapins gisants sur le sol,
Jenny recevait le salaire de son labeur
hebdomadaire.

Avec l'héritage paternel Jenny avait
reçu entier le fond religieux des ancêtres,
il était profondément croyant ; et, sans
doute par l'effet de sa solitude et du calme
sacré des forêts ; une sorte de mélancolique gravité se lisait sur son visage, accu-
sant le sérieux de son âme et la candeur
de ses sentiments. Ce qui n'empêchait pas
Jenny d'être gai compagnon et grand
amateur des distractions, des plaisirs des
jours de fête. Nul mieux que lui ne savait
intéresser les *loures* d'hiver, nul, comme
lui, tresser le bûcher des *bures* et allumer
le feu du carnaval. Nul ne conduisait, de
plus gracieuse façon, le cotillon champêtre de la fête patronale.

A vingt ans, c'était un beau gâs et les *bacelottes* de la vallée cherchaient à capter son cœur. Nous ne dirons pas combien se le disputaient ; sachez seulement qu'une seule en fit la conquête ; Nicole, la fille d'un bûcheron, son voisin, grande brune de dix-huit printemps, aux yeux bleus et profonds comme l'azur du ciel, à l'âme candide et transparente comme la source de la montagne. Nicole était digne de Jenny !

Un dimanche des premières veillées, le père à qui Jenny *avait parlé*, les fiança et leur promit le mariage pour les foins ; et d'ores et déjà Jenny ne manqua pas un soir de faire sa cour, ainsi qu'il se doit, en tout honneur, sous l'œil souriant des parents de Nicole.

Hélas ! le bonheur n'est pas de ce monde, et le malheur guette toujours l'homme qui sourit à l'avenir. Cette vie si pleine de calme et d'espérance allait être troublée par une affreuse catastrophe. Certain jour qu'il travaillait près du rocher de Hangochet, un grand sapin, au moment où Jenny lui donnait vaillamment le coup de grâce, s'écroula tout-à-coup et avant que le bûcheron se fut garé, il était renversé et retenu prisonnier, les jambes prises dans l'étreinte terrible du sol et de l'arbre.

Jenny travaillait seul : personne n'entendit ses appels, ni ses cris, et le malheureux, les jambes brisées et retenu par l'arbre, demeurait cloué sans pouvoir faire un mouvement. Alors il se recommande à Notre-Dame, et dans sa foi avivée par la souffrance et le danger, il lui promet de consacrer le rocher à son culte, d'y placer son image et de venir chaque jour l'y vénérer. Puisqu'il est seul et que personne n'accourt à ses cris, que la Sainte Vierge ne le laisse pas mourir là, de douleur et peut-être de faim ; qu'Elle daigne faire un miracle, s'il le faut pour le délivrer et le guérir ! Ce miracle Jenny le demande avec une telle ferveur, qu'il fait vœu, s'il est exaucé, de sacrifier en l'honneur de la Mère de Dieu, ce qu'il a de plus cher au monde !

Pauvre Jenny ! as-tu bien réfléchi à ton vœu ! Ne sais-tu pas comme c'est sacré !

Sur ce vœu d'un sacrifice, il est exaucé ; le miracle s'accomplit ; de lui-même l'arbre se soulève ; comme enlevé par une force invisible. Jenny le voit se détourner dégageant ses pauvres jambes, mais sans les guérir.

L'infortuné se traîne sur les mains, et après des efforts inouïs et des souffrances cruelles, parvient à la lisière du bois. C'est le salut, il ne doute pas que la Sainte Vierge n'achève son œuvre, en l'aidant à regagner sa chaumière et en guérissant ses jambes.

Est-ce Marie qui envoie quelqu'un de ce côté, nous n'oserions l'affirmer ; quoiqu'il en soit, on l'aperçoit et on le transporte chez lui.

Aussitôt accourt Nicole, sa fiancée. Avec sa mère, elle s'installe au chevet du blessé, et toutes deux le soignent comme un membre de leur famille.

Mais, en dépit de leur dévouement, Jenny ne guérit point. Nicole fit brûler des cierges près de l'autel de la Vierge, elle fit même dire des messes ; tout fut inutile, le malade comprit que si la Sainte

Vierge devait achever le miracle et re-
dresser ses jambes, il devait d'abord ac-
complir son vœu et faire le sacrifice promis : « La vache qui est à mon étable, se
dit-il, est la moitié de ma petite fortune ;
j'y tiens beaucoup ; le matin, avant d'entrer en forêt ; c'est moi qui lui donne sa
pâture, et, le soir, c'est moi qui la trais ;
et son lait me nourrit. Eh bien ! je la vendrai, et j'en enverrai le prix à l'église ;
c'est un dur sacrifice, mais je le fais pour
la Vierge qui m'a sauvé la vie. »

Et la vache fut vendue et le prix en fut
donné à l'église. Mais Jenny ne guérit pas.
« Le sacrifice de ma bête ne suffit pas, dit-
il un jour à Nicole, confidente de son vœu,
si je vendais encore ma cabane ! Dieu sait
si elle m'est chère, mon père et ma mère
y ont vécu et y sont morts ; j'y suis né,
c'est mon *chez moi ;* je vendrai mon petit
jardin qui entoure la chaumière ; que de
joie, pendant l'été, à l'aube naissante, j'a-
vais à le cultiver et à l'orner. Je vendrai
les outils de mon père, mes outils de bûcheron, les compagnons si chers de mon
travail, et le prix de tout cela je le don-

nerai aux pauvres. Mieux vaut la santé que la richesse, je me mettrai en service, je travaillerai pour un maître qui m'entretiendra. »

Et ainsi fut fait; la maison paternelle, le jardin, les outils furent engagés. Aussitôt guéri, Jenny devait sortir et laisser le tout au nouveau propriétaire.

Mais Jenny ne guérit point, au contraire ses jambes s'affaiblissaient toujours davantage, et que de larmes lui faisaient verser la vision de son bonheur brisé et la perspective de vivre perclus. Nicole cependant lui était fidèle, et ni elle, ni sa mère ne se plaignaient de voir toutes ces ventes, ces sacrifices; puisque cela se devait à la Vierge.

Jenny comprit enfin. Avec cet instinct des simples, il se demanda pourquoi il avait si facilement sacrifié sa vache, sa maison, et tout ce qui lui était si cher... avant qu'il ne connût Nicole. Jadis c'était tout pour lui, maintenant c'était si peu ! Et il eut peur, car il fallait s'avouer que ce qu'il avait de plus cher, c'était sa fiancée, c'était Nicole qui ne le quittait point

et le soignait avec la sollicitude d'une
épouse et la généreuse ardeur que donne
l'espérance ! Mais il n'y avait pas à reculer,
la Madone avait sa parole.

Pendant deux jours entiers, il évita le
regard de sa fiancée et comme celle-ci,
qui se méprenait sur la cause de cette douleur muette, lui insinuait, par de douces
paroles, l'espoir et la confiance en la
Sainte Vierge :

— « Ah ! je sais bien, lui dit Jenny, que
la Sainte Vierge tient toujours sa parole...»
Puis il ajouta, la voix étouffée de sanglots,
« mais moi, je ne tiens pas la mienne, car
pourquoi ne pas reconnaître que ce que
j'ai de plus cher, c'est ma fiancée !... »

La jeune fille ne répondit rien, elle aussi
avait compris. Son âme était en proie à
une terrible lutte, son courage et son cœur
étaient aux prises. Pendant ce silence de
quelques minutes, instinctivement les
deux jeunes gens portèrent leur regard
vers le crucifix de la muraille qui semblait
leur rappeler la grandeur et la nécessité
du sacrifice !

— « Pardonne-moi, Nicole, reprit Jenny,

d'être obligé de te rendre tes promesses;
mais il ne faut point faillir à un vœu. Ah !
je sais bien que maintenant la Vierge me
guérira, mais je sais bien aussi que toujours ma vie sera solitaire, je n'aurai pour
l'embellir que ton souvenir et mon sacrifice.

— « C'est la volonté de Dieu qui a ses
vues, reprit la courageuse jeune fille, moi
aussi, je préfère le sacrifice à la peine de te
voir souffrir plus longtemps et au déshon-
neur de tromper la Sainte Vierge; mais
un autre n'aura point mes promesses ;
quand tu seras guéri. Jenny, je prendrai
le voile; car je sens bien que Dieu seul
pourra combler le vide que tu fais dans
mon cœur ! »

Moins d'un mois après Jenny était debout
et son premier ouvrage fut de sculpter,
lui-même dans le rocher, l'image de la
Vierge qui l'avait sauvé. Bientôt il s'engagea
dans une brigade de boquillons, au service
d'un maître étranger ; et en même temps
on apprenait que Nicole entrait au couvent.

Le cœur brisé, mais l'âme héroïque et
joyeuse de son sacrifice si salutaire, la

jeune fille dit adieu à son père, à sa mère,
à son fiancé ; et, seule, se dirigea vers la
forêt pour passer en Alsace, où elle devait frapper à la porte des *Unterlinden*.

Mais auparavant elle voulut revoir le
lieu de la catastrophe et prier devant
l'image de N.-D. sculptée par Jenny, dans
la cavité du rocher fraîchement creusé.
Et tandis qu'elle priait ; la nuit la surprit-
et, sous le ciel fleuri d'étoiles limpides,
au milieu de la grande forêt, Nicole s'en,
dormit, la tête sur une pierre, comme Jacob le patriarche. Et comme Jacob elle eut
un songe : elle vit dans le rocher creusé
l'image de la Vierge qui lui parlait et disait : « Ton propre sacrifice m'a touché
le cœur autant que l'héroïsme de ton fiancé. Ce double renoncement volontaire est
plus que je ne demandais. Paix aux hommes de bonne volonté ! Vous n'avez pas
hésité à me donner vos cœurs, je vous les
rends. Ce n'est pas Dieu qui se laissera
vaincre en générosité ; retourne chez ton
père ; en attendant que Jenny vienne de
nouveau te mettre au doigt l'anneau des
fiançailles ».

Nicole ne doutait pas de son rêve ; mais sa décision lui semblait tellement sacrée, qu'elle voulut en être relevée comme d'un vœu. Elle avait dormi toute la nuit, et dès son réveil, à l'aube naissante, elle revenait sur ses pas, se dirigeant vers le presbytère du village. Quelle ne fut pas sa surprise d'y rencontrer Jenny lui-même, en confidence avec le curé. Lui aussi, cette même nuit, avait vu la Vierge qui lui avait ordonné de rappeler Nicole. Mais n'était-ce pas son rêve qui prenait corps dans l'illusion du sommeil? Aussi il avait eu encore la pensée de prendre l'avis du pasteur de la paroisse. « Mes enfants, s'écria, celui-ci, après avoir entendu Nicole ; cette coïncidence est un signe que Dieu a accepté votre sacrifice réciproque, et que maintenant il veut votre union. De nouveau, vous êtes fiancés, et je vous bénis ».

Jenny racheta sa vache, ses outils, son jardin, sa maison ; il épousa Nicole ; ils vécurent heureux comme des gens simples, craignant Dieu, contents de leur sort. Bien souvent ils venaient prier devant le rocher de Hangochet et remercier la Sainte-Vierge.

Telle est la légende du rocher de Hangochet ! Si jamais l'amour des montagnes vous conduit à la grande route du fer à cheval montant vers le col du Bonhomme, depuis Plainfaing, prenez croyez-moi, le sentier de Hangochet; en moins de dix minutes vous serez en face du fantôme granitique. Vous y contemplerez la madone, dans sa grotte, et, en la priant, souvenez-vous du sacrifice de Jenny ! Les faveurs que l'on vient implorer maintenant sont octroyées sans que la Vierge les fasse payer d'aucun sacrifice. Jenny et Nicole ont bien souffert pour tous les autres !

D'ailleurs qu'on l'entreprenne de Fraize par Scarupt, ou de Plainfaing, par les lacets qui coupent le fer à-cheval, la promenade est ravissante de pittoresque et de variété. Par un sentier rocailleux qui, de la banalité des taillis de bruyères et de genêts passe et s'enfonce dans la majesté de la grande forêt, on gravit la montagne que la sylve assombrit et qui déverse ses

torrents vers la vallée. Après la première
montée, retournez-vous devant le talus de
la large route qui semble un belvédère et
et jetez un coup d'œil sur le panorama
qui s'étend à perte de vue. C'est la vallée
de la Haute-Meurthe que l'on saisit dans
son ensemble depuis Habeaurupt, d'une
part fermé par une muraille de montagnes
noires, et, d'un autre côté, depuis le col
du Bonhomme qui s'incline vers Baran-
çon, jusque Saint-Dié. Par une claire
après-midi d'automne ce spectacle est
féerique, quand, dans le soleil ambré dans
les ombres longues des forêts dominantes,
on aperçoit le groupe des villages, avec
leurs clochers, les usines avec leurs che-
minées, les cités ouvrières, les châteaux,
les villas étagées, et tout l'ensemble de la
vie si active, si laborieuse, en ce coin des
Vosges ! Alors on hésite entre le passé et
le présent ; on est également fier des gens
d'autrefois et de ceux d'aujourd'hui ; et
l'on remercie les Jenny, les Nicole qui ont
jeté sur cette romanesque vallée le gracieux manteau de la légende, et on bénit

le génie moderne qui a semé la vie dans
ce pays de montagnes, pour animer ce
cadre grandiose.

II

LES
Conates de la Mi-Carême

Comme celles du carnaval, les antiques coutumes de la Mi-Carême sont restées vivaces dans les villages de nos montagnes vosgiennes.

Jadis à la Mi-Carême, écrit M. F. Nicolay, « deux sentiments se partageaient l'esprit du peuple chrétien ; avait-il bien passé la première moitié de la sainte quarantaine? Ferait-il mieux durant la période finale? Il allait s'interroger au pied des autels, se recueillir et examiner sa conscience! « Puis une autre pensée plus humaine mais non moins intense peut-être s'éveillait en lui. Voilà toujours la moitié du temps de mortification écoulé, se disait-il avec satisfaction, alors surtout que le jeûne, se prolongeant fort avant dans la journée, constituait une privation des plus sérieuses. Peu à peu la fête perdit son caractère religieux et devint uniquement l'occasion de plaisirs gastronomiques. Selon les régions les usages différents (1) ». En certains endroits on confectionne des *gaufres*, ailleurs ce sont des *dorées*, des *merveilles*, gâteaux bizarres et variés. Dans nos montagnes c'est une sorte de gauffre ou biscuit qui forme le mets de la Mi-Carême. Les habitants de Clefcy, ont gardé religieusement cet antique usage, et n'ont pas perdu le talent de fabriquer les traditionnelles et légendaires *conates*, aussi belles que succulentes.

« Ces biscuits, dit M. Charton, se nomment *conates* pour leur forme conique ; ils ne sont pas sans mérite. Cette pâtisserie se fait tous les ans avant le troisième dimanche de Carême. La veille de ce

(1) Histoire des Croyances par F. Nicolay Tom. II p. 46.

dimanche, les garçons portent les conates aux filles qu'ils recherchent, et les
filles leur donnent en échange à Pâques,
des mouchoirs qu'on appelle tracas, du
mot français troc. Il faut remonter aux
temps des mœurs primitives pour trouver de pareilles coutumes ».

Cet usage des conates a plus d'un
avantage ; en voici un qu'on n'attendait
guère : demandez à Mahour, la fille du
maire de Ban-le Duc, comment elle fut
mariée à Blaison, d'une ferme de Straiture.

N'allez pas, par exemple, chercher à
mettre des personnalités vivantes sous
ces noms antiques ; si les conates existent
toujours, Mahour et Blaison sont morts
depuis longtemps : ce sont encore des
gens d'autrefois, que j'ai l'honneur de
vous présenter, et la petite histoire que
me rappellent les conates, s'est passée
en un temps préhistorique, bien avant la
Révolution. Les acteurs sont disparus de
la scène, leurs familles aussi ; comme des
personnages de légende ils ne vivent plus
que dans la mémoire de quèlques vieux
paysans de la vallée de la Petite Meurthe.

Seul le décor n'a pas changé ; c'est cette vallée de Straiture, solitaire et grandiose comme les sites sauvages de l'Oberland bernois et le val de Clefcy, gracieux et fertile comme une plaine de la Touraine.

Cette année là on était à la veille de la Mi-Carême, Blaison descendait la vallée, à la tombée de la nuit, tenant à la main un panier rempli de conates fraîches et croustillantes. Selon la coutume il les portait à la jeune fille, objet de ses rêves, la fille du maire ou doyen de Ban-le-Duc, qui répondait au gracieux prénom de Mahour. Il approchait de la maison et son cœur battait fort ; une pointe de jalousie même l'aiguillonnait discrètement, car il n'était pas le seul aspirant à la main de la belle et riche fille du maire de Ban-le-Duc. Hélas ! il n'était pas même le premier ! plusieurs gars étaient déjà réunis dans le vaste *poële* de la ferme, lorsque Blaison fit son entrée. Il offrit à son tour à la jeune fille les conates toutes fraîches et prit place au festin de la veillée. Le menu en était simple, puisque ces gâteaux secs et dorés en faisaient à eux seuls tous les frais.

Comme celle de tous les loures d'hiver, la conversation n'était qu'un thème des histoires de sorciers et de fées, dont la croyance était si vivace en ces temps. Ce jour-là, on ne parlait que de l'événement diabolique qui depuis plusieurs jours jetait la tereur dans la contrée. Tous les soirs, en effet, on voyait errer à la brume, aux alentours des maisons, un grand chien suspect qui n'avait jamais été vu précédemment. Sans doute c'était le diable qui avait pris la forme de cet animal, le diable en personne ou quelque sorcier malfaisant, qui venait jeter un sort sur les gens ou un maléfice sur le pays ; en tous cas c'était mauvais présage. Tous les soirs il se montrait. D'où sortait-il ? Impossible de le savoir.

A son aspect chacun s'enfuyait, avec des frissons dans le dos. « C'est l'*Henne-quin,* disait-on, malheur à celui qui fera sa rencontre, il peut s'attendre à une infortune, à une déveine qui le poursuivra longtemps ? »

La peur était telle qu'elle paralysait les courages les mieux trempés ; jusqu'ici nul n'avait songé à attaquer ce chien étrange ; non pas que l'on n'osât affronter sa griffe ou ses dents, mais chacun redoutait les sorts, les maléfices qui ne pouvaient manquer d'atteindre le téméraire agresseur du diable ou de son représentant.

« Avez-vous rencontré ce soir le chien enragé, dit tout-à-coup le fermier aux jeunes gens ; je vois que vous aussi, garçons, vous le craignez comme des femmes. Qui donc nous en délivrera ? Allons, écoutez-moi tous, puisque tous vous aspirez à la main de ma fille, voici ma proposition : je ne veux pas d'un poltron chez moi. Ma fille n'épousera qu'un gars qui n'a pas froid aux yeux, et, puisque l'occasion se présente, je la saisis, de savoir qui de vous est un homme ! La main de Mahour est à celui qui nous délivrera de cet animal. Attaquez-le, un homme ne recule pas devant un chien, un chrétien, à la conscience nette, ne craint pas le diable ! A l'œuvre, mes amis, celui qui l'aura tué de sa main sera mon gendre, et, à l'endroit

où il aura fait cette prouesse nous élève-
rons, je le jure, une chapelle à saint Hubert, patron des hardis chasseurs. Qu'Il
daigne lui-même diriger vos coups contre
ce gibier diabolique. »

Il dit, et la veillée prit fin ; la joie s'était
envolée. Maudit chien, il paralysait les
courages comme les langues et troublait
toutes les fêtes. S'il n'était le chien du
diable, c'était un diable de chien.

Les jeunes gens n'allèrent pas le chercher bien loin, ils le virent avec ses yeux
de loup, flamboyant dans la nuit, là, sur
le versant de la colline derrière le village.

Le fils du *bangard* voulut l'attaquer le
soir même avec le sabre de son père, et
bravement se dirigea vers l'animal qui, à
son tour, s'avançait. Mais le courage du
jeune homme fondait comme la neige, à
mesure qu'il approchait ; l'aboiement du
chien acheva sa déroute, ses dents cla-
quaient, le grand sabre tremblait dans sa
main, et le fils du bangard s'enfuit, renon-
çant à la palme de la victoire et en même
temps à la main de Mahour.

Deux autres lui succédèrent sans plus

de succès ; l'un, c'était le fils du *milicien,*
attaqua la bête de loin, avec un vieux
mousquet à pierre qui fit *chic ;* l'autre,
avec une fourche qu'il laissa choir de
frayeur.

Blaison était le moins crâne, mais l'a-
mour rend fort et ingénieux, et Blaison
aimait Mahour de cette affection des hum-
bles qui se renferme et creuse un abîme
dans l'âme. « Oui, se répétait-il, un homme
ne craint pas un chien, un chrétien, avec
le secours de Dieu pour arme, ne craint
pas le diable ! »

Il attendit au lendemain qui était un
dimanche. De bon matin il prenait le
chemin d'Anould, assistait pieusement à
la messe de paroisse qui, ce jour-là, à
cause de la Mi-carême, était dite par un
chanoine du château de Seucy. Blaison
avait apporté encore un panier de conates
qu'il fit bénir après la messe. Puis le soir,
tandis que les autres jeunes gens n'osaient
sortir de leur demeure, dans la crainte de
rencontrer l'infernale bête et peut-être la
voir, à son tour, les attaquer, pour les punir
de leur témérité, Blaison, lui, se dirigeait

vers la colline où l'animal avait son gîte.
Il l'aperçoit la gueule béante et bavante,
et, se recommandant à saint Hubert, il lui
jette à la tête une conate bénite. La provision de conates était sa seule arme, il la
jette toute entière devant le chien qui se
précipite sur ces gâteaux et les dévore en
un craquement de dents et un tour de
gosier. Le chien mangeait les gaufres bé-
nites, c'était tout ce que voulait Blaison ; il
revient immédiatement et tout droit se
dirige vers la maison du maire de Ban-le-
Duc qu'il trouve seul avec sa fille. « Je
viens d'attaquer le chien enragé, dit-il,
maintenant il est mort, je l'ai empoisonné ;
j'espère donc que vous tiendrez votre
parole. »

Mahour qui entendait accueillit la
requête par un sourire qui transporta
Blaison au troisième ciel. Mais le père
était moins pressé ; avant de payer la peau
de la bête, il voulut la voir de ses yeux.
Et puis... l'audace de Blaison l'étonnait ;
bref, il décida qu'on attendrait au lendemain pour donner réponse définitive.

Mais le lendemain éclaira le triomphe

de Blaison ; le maudit chien était bien mort ; et ce ne fut pas seulement le père de Mahour qui constata le décès en qualité de syndic, mais la population toute entière. Blaison était décidément un héros !

Affirmer que ses rivaux ne cherchèrent point à diminuer son héroïsme, serait peut-être beaucoup dire ; car enfin ses coriaces auraient été empoisonnées que le résultat n'eût pas été plus décisif. Mais les rivaux sont des envieux ! Et puis ce n'était pas amoindrir son audace car la bête même empoisonnée, aurait eu le temps de le dévorer avant de périr.

D'ailleurs pour ceux qui connaissaient la simplicité de la foi de Blaison, ils ne doutèrent pas un instant de son procédé. Le jeune homme savait que le diable se moque du poison et pas de l'eau bénite. Ce n'était donc pas du poison qu'il avait mis dans ses gaufres mais de l'eau bénite, et de la bonne... celle du chanoine. Aussi le diable avait été si furieux qu'il avait déchargé sa colère sur le chien qui lui avait prêté son corps. Pauvre bête !

La preuve que c'était vrai, c'est que le

maire de Ban-le-Duc, s'exécuta sans discussion : Blaison épousa Mahour ; et une chapelle en l'honneur de saint Hubert s'éleva sur la colline.

Elle est toujours là, Dieu a permis qu'elle restât debout malgré le travail des années ; sans doute pour attester le fait avec plus d'autorité. On y vient encore invoquer saint Hubert contre les morsures des mauvais chiens.

Telle est la légende ou plutôt l'une des légendes poussées autour de cette chapelle ; l'imagination populaire, toujours féconde, lui a trouvé bien d'autres origines plus ou moins mystérieuses et merveilleuses.

Quant aux conates elles sont toujours aussi chères aux gens du pays ; la coutume s'en perpétue vivace : depuis la Mi-Carême jusqu'à Pâques et même jusqu'à la Trinité, on fait, on mange des conates dans la vallée de Clefcy.

La saison est ouverte, le soleil appétissant, laissez-vous tenter, allez en goûter, allez explorer cette romantique vallée de la petite-Meurthe.

En arrivant à Clefcy par Anould ou Fraize vous apercevez sur le flanc de la colline, à votre gauche la coquette chapellé au toit gris ; tandis qu'à droite vous verrez la montagne dominée par d'immenses rochers d'aspect féodal ou fantastique. Puis, à mesure que vous avancerez, les deux chaînons qui enserrent la vallée se resserreront et grandiront comme pour vous faire comprendre la juste étymologie de Clefcy donnée par Jean Ruyr puis Dom. Calmet : *Clef serre, clef serrant le val de Galilée* ; aussi, ajoute le vieil historien « n'y a-t-il de ce détroit aucun grand chemin pour sortir des marches de Lorraine. »

Mais ne craignez rien, si le détroit de *Clef serre* a conservé sa sauvagerie pittoresque et grandiose, les ingénieurs ont passé par là, et les chemins sont très praticables.

L'industrie ne s'est-elle pas avisée depuis longtemps de s'emparer de tous les sites, de tous les pays et de moderniser, de civiliser les beautés de la nature ? Ici cependant l'industrie n'a rien de prosaï-

que car elle consiste dans le seul commerce de bois. Les scieries de leur mouvement si peu harmonieux animent bien
ces lieux et en percent le silence, tout en
convertissant en planches les forêts sécu-
laires. Le commerce n'a fait que répondre
à l'appel de la nature qui lui offrait d'elle
même la forêt si riche, l'eau au mouvement
précipité. C'est en effet la petite Meurthe
qui est la force motrice, le *Deus ex machinä*
de toute cette activité. Les longues chemi-
nées ne viennent pas ici rompre l'harmonie
des grandes lignes du paysage ; et la gracieuse rivière n'est pas asservie ; elle
reprend son cours alerte, gaie, bavarde,
bien argentine, sur son lit de cailloux,
diapré et multicolore. Aussi c'est encore
elle qui fertilise la campagne et donne la
verdure à ce vaste bassin de prairies au
milieu desquelles s'allongent les hameaux
du Vic, de Sachemont et autres.

Mais nous voici déjà bien loin de la chapelle de saint Hubert ; où nous arrête-
rons-nous, si nous avons l'audace de nous
engager dans le val de Straiture ? Recule-
rons-nous devant cette vallée que l'on

connaît si peu et qui est cependant une des beautés dont les Vosges sont les plus fières ? Voyez plutôt cette gorge qui rappelle l'entrée des enfers décrite par les poètes ; le défilé y est si étroit que la Meurthe a eu bien de la peine a y creuser son lit. Ici, toute culture a cessé ; c'est uniquement une forêt immense, druidique, mystérieuse, à la chevelure ardente et noire. L'air y est toujours frais, car au milieu de ces éboulés de rochers rouillés de lichens et de ces lits de mousse, jamais un rayon de soleil n'est venu se jouer ; aussi en toute saison vous y trouverez des glacières naturelles assez abondantes.

Ainsi, de merveille en merveille, vous arriverez au col de Surceneux d'où la route bifurque, vous laissant l'embarras du choix entre le Valtin et Gérardmer.

Nous avons visité l'un ; l'autre nous fournira, si vous le voulez, une excursion à laquelle je vous convierai bientôt : il y a là d'admirables sites à visiter et de vieilles légendes à recueillir.

LA

CHAPELLE de MONTÉGOUTTE

Il y a des touristes pour lesquels la Suisse n'offre plus rien d'inédit et qui, peut être, ne soupçonnent pas les délices de certaine excursion à leur porte : qu'ils viennent explorer avec nous le massif de Mandramont, par exemple, et ils seront ravis de leur journée. Ce contrefort des Hautes-Vosges, qui sépare Fraize de Mandray, voit s'étager sur ses flancs, et se multiplier à sa base les fermes, les hameaux d'un pays demeuré quelque peu agricole, au milieu d'un mouvement industriel qui a modifié la physionomie du paysan plus que du paysage. Au sommet une majestueuse sapinière élève sa tête royale, et abrite des sites enchanteurs, à vue panoramique, pleins de charme, de fraîcheur, d'air pur, de pittoresque, de souvenirs antiques. Tel celui de *Montégoutte*, où, si vous le voulez, je vous conduirai cette fois, pour vous en faire admirer les merveilles et vous en conter la légende.

De Fraize par les Aulnes, le Belrepaire, le Mazeville, ces hameaux dont les maisons poussées à leur guise, sans idée d'alignement, semblent se bouder et se détourner les unes des autres, dans un harmonieux désordre, nous irons par monts et par vaux, à travers champs labourés et prairies spongieuses.

Nous gravirons la première pente de la montagne, très douce jusqu'au promontoire qui domine ; d'Anould à Plainfaing la vallée de la Haute-Meurthe, fermée par des monts aux arêtes inaccessibles et perdues dans le flou nuageux de l'horizon.

Un dernier coup de jarret bien tendu et nous sommes à l'entrée de la sapinière : un petit cottage hospitalier nous y invite au repos. Les tables et les bancs rustiques,

les tonnelles aménagées ici et là par le
C. P. de Fraize donnent aux abords de
cette forêt la gracieuse apparence d'un
parc fréquenté et nous avertissent que
nous foulons un sol cher aux promeneurs.
Faisons donc halte un instant sur ce sommet à la fois si riant et si sauvage, et,
tout en reprenant haleine et force, nous
écouterons l'hôte de la villa, vétéran de
soixante-dix, qui nous racontera, sans se
faire beaucoup prier, l'héroïsme du 32e
de marche, à Nompatelize, où il se battit
en brave.

C'est encore lui le cicerone de ces
lieux sylvestres qui nous redira la légende
de Montégoutte en dirigeant nos pas sur
le chemin de la chapelle, sentier battu
qui s'enfonce sous la futaie. A un brusque
détour instinctivement on s'arrête pour
contempler le magique et original coup
d'œil sur la perspective de la sapinière :
cachée dans le mystère de la forêt, l'antique chapelle semble surgir d'une clai-
rière moussue, se dresser soudain, avec
ses murs blancs qui tranchent sur l'émo-

raude verte du feuillage, et les quatre
pans de son toit gris faisant clocheton.
En même temps on perçoit le gai mur-
mure d'une onde tapageuse et sournoise
que nous ne verrons que tout-à-l'heure,
du seuil de la chapelle même. C'est la
source, la fontaine de Montégoutte qu'om-
bragent les géants de la forêt et qu'abrite
le tertre du petit sanctuaire.

Elle a donné son nom à ce coin de
la montagne, à la chapelle ainsi qu'on
peut le déduire des savantes instruc-
tions du Dr Fournier « Les eaux des
sources ou fontaines, dit il, forment
des ruisselets descendant de tous côtés,
sur les flancs, puis au fond des ravins ;
de la montagne ce sont les *gouttes*. Ce
mot caractéristique dispense de toute
autre explication et exprime on ne
peut mieux qu'il s'agit ici de ruisseaux
naissants. Il vient du bas latin *gotta*,
ruisseau, torrent. Mais lorsque la région se peupla, il fallut donner des
qualificatifs à toutes ces gouttes pour
les distinguer les unes des autres ; ce

furent les accidents du sol qui fournirent
ces désignations. » (¹).

Il est donc facile de voir que *Montégoutte*
signifie : source, ruisseau de la montagne,
montis gotta. (²)

L'origine de la chapelle de Montégoutte
comme celle de presque tous les petits
oratoires élevés sur nos montagnes se
perd dans la légende. Ecoutez la cette
légende, je vous la dirai telle que vous la
contera le premier des campagnards venu.
Certain jour d'une époque si lointaine que
la date s'en est perdue, l'un des bûcherons qui habitaient les villages, au pied
de la montagne, travaillait en cet endroit
juste où s'élève la chapelle ; en sciant un
sapin qu'il avait abattu, il trouva dans le
cœur même de l'arbre une statue de la
Sainte Vierge. Comment était-elle ainsi
enfermée dans le bois ? Sans doute comme
tant d'autres auxquelles on creuse une

---

(1) Topographie ancienne du dép. des Vosges,
6ᵉ fascicule des noms du lieux, p. 16.

(2) On doit donc écrire *Montégoutte* et non
Monthégoutte.

niche et que l'écorce recouvre dans la croissance. Quoi qu'il en soit le bûcheron se l'approprie, l'emporte précieusement et la pose dans son *poêle* à une place d'honneur.

Le matin venu, qu'elle n'est pas la stupéfaction du pauvre bûcheron en constatant que l'image ne se trouvait plus à sa place, ni même dans sa maison ! Quelle n'est pas surtout son angoisse en apprenant que cette statue mystérieuse avait été pour sa famille un talisman de malheur ; durant la nuit sa femme et ses deux filles étaient devenues aveugles :

Dans son trouble il retourne vivement vers la forêt et aperçoit l'image de la Vierge à l'endroit même où il l'avait trouvée la veille. Elle était debout près de l'arbre abattu ; à ses pieds, une source ignorée jusqu'alors, jaillissait claire et abondante.

Le bûcheron eut l'intuition qu'il avait été aveuglé par l'égoïsme en voulant pour lui seul le trésor et qu'il expiait cet égoïsme par l'aveuglement de sa femme et de ses filles. L'intention de la mère de Dieu était claire, elle voulait être vénérée en ce lieu ; puisque les anges, sans doute, comme ils l'avaient fait pour la *sancta casa de Lorette*, avaient ramené la statue dans la forêt.

Il revient chercher sa femme et ses filles, les guide vers le bois, jusqu'à l'endroit miraculeux (1), tous quatre s'agenouillent près de la source, devant la statue et demandent la guérison de cette subite et douloureuse cécité. Les trois aveugles se lavent les yeux dans l'eau de la fontaine naissante, et instantanément leurs yeux sont rendus à la lumière.

Le merveilleux a des ailes ; le miracle s'est propagé en un clin d'œil ; on accourt en foule des environs, avide de vénérer la statue merveilleuse : et se laver à la source.

Le bûcheron éleva lui-même la cha-

(1) Les faits de ce récit ne sont donnés que comme légende, s'appuyant seulement sur les souvenirs populaires ; aussi les expressions *miracle, guérison miraculeuse,* ne sont pas des affirmations dans le sens absolu.

pelle pour y déposer l'image de la Sainte-Vierge. Elle est toujours là dans cet édicule ; un autel rustique copieusement orné sert de socle à une niche en écorce de sapins ; la statue y est enfermée, rappelant ainsi qu'elle fut trouvée au centre d'un arbre, et refusa un autre domicile.

La guérison de la femme et des filles du bûcheron, n'est pas la seule opérée par la Vierge de Montégoutte ; ici encore les béquilles, les bâtons, les ex-votos suspendus aux murailles de la chapelle attestent qu'on n'est pas venu en vain demander grâces et faveurs à la Madone. Il y a quelque cinquante ans la chapelle fut profanée, l'autel saccagé par un impie en état d'ivresse. Le châtiment ne se fit pas attendre ; bientôt le malheureux est couvert d'une lèpre hideuse. Il reconnaît son crime et, demandant sa guérison à Celle qu'il avait outragée, il promet de faire amende honorable publiquement, de reconstruire la chapelle, de réparer tous les dégâts.

N. D. de Montégoutte octroya généreusement le pardon et la guérison à cette homme repentant qui tint lui-même ses promesses.

Jadis le pèlerinage de Montégoutte était très en vogue. Au jour de la fête de l'Ascension, qui était peut-être l'anniversaire du fait miraculeux, le curé de la paroisse y chantait, devant les pèlerins assemblés, un office public. Mais, hélas ! aujourd'hui le pèlerinage n'existe plus ; les réjouissances que cette fête champêtre amenait nécessairement devinrent des désordres scandaleux, si bien qu'en ce lieu si charmant, si favorisé de Montégoutte, le diable trouvait mieux son compte que le Bon Dieu. Aussi l'autorité ecclésiastique fut-elle obligée d'interdire le pèlerinage et de fermer la chapelle au culte public.

L'interdiction n'est pas près d'être levée... aussi, n'est-ce pas lorsque la foule envahira cette forêt, que je vous mènerai à Montégoutte. Mais si vous voulez goûter tout le charme de cette promenade si pittoresque, tout le parfum de ces souvenirs, allez-y quand le bois est solitaire, vous pourrez répandre devant la chapelle votre discrète prière, et vous rafraîchir à la *goutte* miraculeuse.

Et pour compléter cette petite excursion, vous reviendrez par l'autre versant de la montagne qui s'incline en pente plus allongée vers Saint-Léonard. Le paysage ici, toujours charmant, a complètement changé d'aspect. Vous descendez un chemin en pente molle, vous traversez des torrenticules émis par les mille sources de la montagne. Voici le ruisseau de la *Bellegoutte* qui arrose le village homonyme. Oui vraiment, elle est bien belle cette *goutte,* dans sa fuite rapide, bien fraîche cette petite rivière au chaste cristal, à l'écume opaline, et bien doucement elle chante !

Voilà le ruisseau de Benifosse, plus saccadé, plus bavard ; voici encore d'autres nants et torrents qui s'élancent en plongeons jusqu'à ce que tous se réunissent dans la plaine de Contramoulin pour aller plus loin grossir la Meurthe.

Le chemin de fer qui d'ici vous con-

duira dans toutes les directions terminera
votre promenade et de la légende vous
relancera dans la réalité.

IV

PÂQUES

Anciennes Coutumes

—————

Voici le jour qu'a fait le Seigneur ! Voici
Pâques, la fête des fêtes, le roi des jours,
aussi élevé, dit Saint Grégoire en son
poétique langage, aussi élevé au-dessus
des autres jours que le soleil s'élève au-
dessus des étoiles ; Pâque, le Dimanche
de la joie, de l'allégresse universelle !
Réjouissons-nous donc tous et mettons
nos cœurs en diapason de la pieuse liesse
de la Résurrection. Entendez-vous comme
elles sonnent gaîment dans le tiède ciel
du printemps, les cloches de Pâques,
comme il tinte joyeux le carillon pascal ?
Oui, sonnez, sonnez à toutes volées, cloches des *alleluia*, chan'ez la fête chré-

tienne, la résurrection du Sauveur, chantez les âmes régénérées, et redites-nous les antiques joies de Pâques !

Cette fête, en effet, la plus solennelle ne va pas sans son cortège de manifestations, de coutumes de jeux populaires.

Jadis on célébrait la nuit de Pâques par de splendides illuminations ; le premier empereur chrétien fit illuminer, paraît-il, d'une façon merveilleuse, la ville de Rome, pendant la nuit de Pâques. Les premiers chrétiens, eux, dès la prime aurore du saint jour, accouraient à l'église, et après avoir prié et communié, se saluaient et s'embrassaient en disant : « Le Seigneur est sorti du tombeau ! »

Ce salut chrétien qui est en même temps un acte de foi s'est conservé chez les Orthodoxes Aujourd'hui encore en Russie, il est d'usage que les personnes qui se rencontrent le jour de Pâques se saluent par ces paroles « Le Christ est réssucité ! » a quoi l'on répond « Oui, vraiment il est réssucité ! » Et à ce propos on rapporte le fait suivant : Un matin de

Pâques, l'empereur Nicolas Ier sortant de ses appartements va droit au factionnaire qui veillait à la porte du palais impérial, il le salue en lui disant « Frère, le Christ est ressuscité ! » Le soldat ne répond pas. L'empereur répète « Frère, le Christ est ressuscité ! » même mutisme de la part du soldat. Une troisième fois l'empereur reprend, haussant la voix « Frère, je te dis que le Christ est ressuscité » — « Non reprend alors le factionnaire, non, il n'est pas ressuscité ! » Survient un officier qui immédiatement avertit Nicolas que ce soldat est juif. L'empereur reprime sa colère, mais aussitôt il donne l'ordre que dorénavant on ne mît plus de juif pour garder sa porte ! »

Les évêques des premiers siècles avaient coutume, au jour de Pâques, de s'envoyer la sainte Eucharistie, en guise d'eulogie.

Mais parmi les antiques coutumes de Pâques, une des plus belles était l'ouverture des prisons, la délivrance des condamnés, notamment de ceux qui étaient retenus pour dettes.

Les moines et les chanoines du moyen-
âge, avaient la coutume de manger le
jour de Pâques, un agneau roti, souvenirs de l'agneau pascal, ou encore des
petits-pâtés, faits de chair d'agneaux. Le
peuple traduisait sa joie par des rondes et
des danses appelées *bergerettes*.

Pâques, comme le Nouvel-an, était
aussi le jour des cadeaux ; c'était même
le jour spécial choisi par les paroissiens
pour faie leurs offrandes au curé. Cela se
pratiquait principalement dans nos Vosges et dans toute la Lorraine. Dans un
règlement des droits curiaux des paroisses
du Val-d'Ajol, et de Fougerolles de 1572,
il est stipulé que chaque paroissien, maître de maison, et tenu d'offrir au pasteur
le jour de Pâques un pain sur lequel était
placé un denier et une fuscicule de chandelles de cire.

Dans une certaine paroisse des Vosges
il est d'usage aujourd'hui encore de ne
pas couper le pain bénit du jour de
Pâques. Ce jour-là, le pain est uniforme-
ment pour le curé. Celui-ci cependant

doit à son tour l'offrir à une famille qu'il choisit dans la paroisse et le porter lui-même dans cette maison, en disant « Je vous donne le pain bénit de Pâques, comme gage de mon estime, comme gage de bonheur pour vous et vos enfants ! »

Mais reprenons les coutumes d'antan ; autrefois donc, on avait l'habitude encore dans les villages des montagnes vosgiennes, de faire voguer, la veille de Pâques, sur les ruisseaux, de nombreuses chandelles allumées sur de légères planches et les enfants devant cette illumination aquatique répétaient des couplets tels que celui ci :

> Les champs golot,
> Les tours relot,
> Pâques revient,
> C'est un grand bien
> Pour les chats et pour les chiens
> Et les gens tout aussi bien.

Ce que signifie « Les champs coulent, les tours à filer sont remises, le carême est fini avec Pâques, gens et bêtes sont heureux de manger de la viande. »

On chantait encore aux environs de Remiremont :

> Les lourres nayot,
> Les champs gotot,
> Païque revié
> Sot in grand bié
> Pour les geo et les chié.

Les loures sont finies, noyées, les champs gouttent de la fonte des neiges, Pâques revient qui fera un grand bien aux gens et aux chiens. »

A Saint-Dié, les enfants de chœur de l'ancienne maîtrise fêtai nt le retour de *l'allélua* qu'ils avaient enterré en si grande pompe la veille de la Septuagésime !

Mais la plus ancienne, la plus populaire, la plus universelle, la plus durable des coutumes pascales est celle des œufs de Pâques.

L'usage des œufs, comme celui de la chair, était autrefois défendu en Carême ; aussi le jour de Pâques, nous dit M. F. Nicolaÿ (1) : « S'empressait-on d'en aller

____

(1) Histoire des croyances, tome 11, p. 58.

« faire bénir une provision pour en man-
« ger en famille et en distribuer comme
« cadeau aux voisins et aux amis. »

Et il ajoute « que les œufs, objets fré-
quents des redevances féodales, étaient
très souvent stipulés livrables au jour de
Pâques, particularité qui généralisa et
développa l'usage. »

Dans son Dictionnaire des antiquités,
l'abbé Martigny donne aux œufs de Pâques une autre origine non moins chrétienne et plus symbolique. « L'œuf, dit-il,
« était regardé comme un symbole de ré-
« génération, et en particulier de la ré-
« surrection des corps. De là le pieux
« usage qui s'est perpétué jusqu'à nos
« jours de manger l'œuf bénit avant toute
« autre nourriture le jour de la *pâque de*
« *la résurrection* appelée aussi pour le
« même motif *pâque de l'œuf.* »

Jadis existait dans les villes et les campagnes la procession et la quête des œufs
et aujourd'hui encore nombreux sont les
villages vosgiens où cette quête des œufs
subsiste. N'avez-vous jamais rencontré

ces théories de gamins, le matin de Pâques, allant de maison en maison, avec
de grands paniers, quêter leurs œufs de
Pâques? C'est la récompense qui leur est
due car, pendant l'absence des cloches
parties pour Rome depuis le *gloria* du
Jeudi-Saint jusqu'à celui du Samedi Saint,
ce sont eux, les gamins du village, qui
ont *crécellé* pour annoncer midi et l'heure
des offices !

On n'a commencé à colorer les œufs,
nous apprend encore M. F. Nicolaÿ, que
sous le règne de Louis XIV, qui faisait
présent à ses courtisans d'œufs coloriés.
On conserve encore, paraît-il, parmi les
curiosités de Versailles, deux œufs histo-
ries, peints par Lancret ou Vatteau !

Saint Augustin considérait l'œuf comme
un symbole d'esperance. Or qu'elle est
l'espérance du chrétien sinon la résurrection finale ?

Oui, en cette fête de Pâques qu'a faite
le Seigneur, réjouissons-nous, car l'espérance fondée sur le miracle de la résurrection couvre toutes les misères humai-

nes et défie la mort elle-même qui est
vaincue !

Sonnez donc à toutes volées, carillons
de Pâques, chantez et redites-nous nos
divines espérances !

L'HERMITAGE

DU RUDLIN

Le Rudlin, jadis orthographié *Rupt-de-ling,* est un des sites privilégiés de nos Vosges ; c'est, pour ainsi dire, le point central où aboutissent les excursionnistes venant de Fraize, de Gérardmer, de l'Alsace Aussi bien le paysage a tout l'attrait reposant d'une station estivale et en même temps tout le pittoresque fruste de la Vôge sauvage. En outre, pour appeler les touristes, il fait retentir, comme un bruit de réclame, sa légendaire et poétique cascade aussi belle de sa flore originale et de ses gemmes de cristal, que la sylve environnante l'est de sa verdure éternelle.

Aussi, les nombreuses et coquettes villas à demi voilées par les bosquets, les sentiers nouveaux qui escaladent les pentes les plus audacieuses, les poteaux qui étendent leurs bras indicateurs attestent visiblement le passage et le séjour des amis de nos montagnes.

Mais ce n'est pas d'aujourd'hui et seulement par les touristes modern-style que le Rudlin se voit apprécier. Voilà des siècles que les forêts y sont exploitées, que la Meurthe y active les scieries, que les pâturages nourrissent les vaches laitières. Les anciens seigneurs du pays avaient admirablement commencé la mise en œuvre des richesses du sol et l'exploitation de ces pentes sauvages par la fondation des marcaireries et la concession aux fermiers-boquillons du droit de parcours et d'ascensement.

La chapelle elle-même que vous voyez s'élever si coquette près de l'étang où elle semble se mirer et se perdre dans un ciel bleu, a eu beau moderniser son campanile aigu et son enduit rajeuni ; elle possède une évidente antiquité ; ce n'est pas une parvenue, elle a ses parchemins qui

la rattachent au passé ; passé modeste,
d'abord simple ermitage, poussé là comme
tant d'autres de nos montagnes, pour
abriter un transfuge du monde, l'un de
ces dégoutés dont nous a parlé Jean Ruyr,
un « ennuyé des pompes et des délices
« de la cour, ayant éprouvé par expérience
« que rien d'ici-bas ne nous peut rendre
« contents et allant servir Dieu au dé-
« sert... dans le sein du mont de Vôge. »

C'est bien d'ailleurs ce que nous a conservé la tradition qui a donné à une ferme
peu éloignée de cette chapelle le nom
de *l'ermitage* et ce que nous raconte la
légende rattachée à cette chapelle et à son
ermitage.

Cette légende la voici.

Le Valtin et le Rudlin de temps immémorial appartenaient aux sires de Ribeaupierre, possesseurs de la moitié du ban
de Fraize. Ces nobles seigneurs, amateurs
passionnés de la chasse et des courses
aventureuses en forêt ne se contentaient
pas de poursuivre le gibier dans les forêts
d'Alsace, aux alentours de leurs châteaux

de Ribeauvillé. Volontiers ils venaient avec nombreuse suite de varets courir le cerf et le sanglier dans ces vastes propriétés qui formaient une des plus riches parties de leur domaines ; il chassaient dans les fourrés, les futaies de ces gigantesques sapinières ; et les échos de ces grands bois furent souvent réveillés par les sonneries du cor, les aboiements des meutes, les joyeux hallalis.

Or, à cette époque de la splendeur de la maison des *Rappolstein,* deux de ces nobles seigneurs, deux frères, Jean et Max de Ribeaupierre, étaient en chasse aux alentours du Valtin et du Rudlin. Jeunes tous deux, forts et vaillants, ils chevauchaient côte à côte, accompagnés d'autres gentilshommes et suivis du cortège des varlets et des piqueurs. Ils venaient de poursuivre un marcassin et Max l'avait étendu de son épieu, lorsque un ours, rabattu par les gens de la suite, vient donner, tête baissée, dans les jambes de leurs chevaux. Avec autant de hardiesse que de témérité, les deux jeunes gens, promptement sur pieds, attaquent l'animal qui se dresse et s'abat aussitôt, avec deux dagues fichées dans la gorge. C'étaient les poignards des agresseurs.

Mais qui des deux avait tué le fauve ? Quel était le coutelas qui avait pénétré le premier dans le corps de l'animal ?

L'entourage décernait les félicitations aux deux frères, mais Jean déjà quelque peu jaloux du succès de Max, l'auteur du premier exploit, réclamait pour lui seul l'honneur de l'occision de l'ours.

« N'est-ce pas moi, criait-il, qui ai porté le coup décisif ? Sans lui la bête courrait encore ; c'est moi qui l'ai frappé à mort, puisque le premier je l'ai saisie ! A moi donc le trophée ; je veux rapporter la dépouille suspendue à la selle de mon cheval. »

Son frère, lui, ne revendiquait que sa part dans la victoire commune ; mais cette part il la voulait et il l'aurait ! Querelle futile d'amour propre, mais peut-être y avait il la galerie pour l'envenimer : si les gentes damoiselles du castel voisin n'étaient point là pour applaudir au triomphateur, elles l'attendaient au retour, prêtes à acclamer le porteur des dépouilles opimes !

Des paroles vives sont échangées, les amis s'interposent en vain ; la jalousie n'est pas seulement aveugle, elle est sourde.

Cette simple discussion de vanité alluma en une minute une querelle devant avoir de terribles conséquences. Emporté par sa fureur, Jean de Ribeaupierre lève la main, frappe son frère au visage. Et comme si cet excès de colère lui eût fait voir, comme dans la subite lueur d'un éclair, l'infamie de son acte, le malheureux se jette immédiatement aux pieds de l'insulté, sanglotant, criant merci.

On fait cercle autour d'eux ; l'angoisse étreint tous les cœurs, comme à l'approche d'un malheur inévitable. Tous les yeux sont fixés sur Max. Deux secondes — deux siècles ! — s'écoulent dans cette attente. Enfin il ouvre la bouche pour dire :

« Jean, l'injure que tu me fais est cruelle. La jalousie est vile : elle ravale un homme et le fait déchoir. Mais le pire, c'est encore cette attitude humiliée qui ne m'atteint pas seulement en plein cœur, elle me frappe à la tâte, dans l'orgueil sacré de la famille. C'est la première fois qu'on voit un Ribeaupierre ramper ! »

Un instant, il le regarda ainsi, pâle, la main crispée sur la garde de son épée, comme un justicier qui hésite. Mais bientôt il élevait les yeux en haut et on l'entendait murmurer :

« Non, je n'ajouterai point le crime à la honte. Je comprends que c'est l'affection et la douleur plutôt que la lâcheté qui te jettent à mes pieds... mais c'est déjà trop d'un Ribeaupierre humilié. Relève toi, Jean, je te pardonne ! Puisse le ciel te pardonner aussi !... Mais laissera-t-il sans expiation l'attentat d'un frère levant sa main sur son frère, le frappant en public, provoquant un malheur et l'un de ces malheurs qui font descendre la malédiction divine sur une race ? Mon Dieu, ayez pitié de nous ! »

Jean semblait anéanti. Il fallut que Max le relevât lui-même. Un instant après ils étaient dans les bras l'un de l'autre. Quand leur étreinte cessa, ils étaient seuls, la noble compagnie, rassurée sur l'issue de l'incident, se tenait discrètement à l'écart.

La chasse avait pris fin, mais non les sombres pressentiments qui persistaient. Les dernières paroles de Max retentissaient à toutes les oreilles : « Laissera-t-il sans expiation l'attentat d'un frère levant sa main sur son frère ! » Et chacun des invités se retirait, fuyait ces lieux où semblait planer la colère de Dieu.

On a dit que le pressentiment nous vient d'en haut ; que cette voix mystérieuse est un avertissement divin. Nous ne savons, mais le pressentiment existe. Tous en étaient absédés le soir de cette funeste journée, le coupable surtout. Il était pardonné, mais non rassuré, et ne put dormir.

Les deux frères ne vivaient pas sous le même toit ; l'un habitait le *Girsberg*, l'autre le *Saint-Ulrich*. Or, dès le lendemain du jour qui les vit rentrer en leurs châteaux, Jean de Ribeaupierre, toujours sous le coup du remords, voulut faire visite à son frère et lui renouveler ses regrets et ses protestations fraternelles.

Il arrive dans le parc du château de Saint-Ulrich juste à l'heure où Max de Ribeaupierre se livrait à son exercice favori et tirait de l'arc à travers les arbres. Max n'aperçoit pas son frère qui vient à lui et une flèche, comme dirigée par la main fatale du destin, vient atteindre le jeune homme.

Frappé en pleine poitrine, Jean pousse un cri, son frère accourt et le reçoit chancelant dans ses bras. Avant de lui fermer les yeux il lui demande pardon à son tour.

Jean pardonna de grand cœur à Max, mais Max, lui, ne se pardonna jamais d'avoir évoqué la justice divine trop légèrement. Cette justice immanente qui conduit les choses d'ici-bas, ne l'avait-il pas invoquée contre son frère ? — Cette pensée le poursuivait sans trêve ni merci, empoisonnait ses jours et troublait ses nuits ; on ne le voyait plus dans le monde et bientôt il disparut tout à fait.

Que devint-il ? D'après la tradition il se serait caché sous la bure d'un ermite pour vivre ignoré et pénitent dans la forêt, théâtre de leur querelle.

La tradition serait ici d'accord avec la nature humaine ; on sait l'attrait qui ramène toujours les coupables sur les lieux du crime.

Il revint donc en cet endroit, dit la légende, il y construisit l'ermitage de la chapelle, il y vécut, la figure vieillie par les larmes et changée par la longue barbe d'ermite. Personne ne soupçonna sa retraite, et lorsqu'après des années, on connut le refuge du solitaire, personne non plus ne soupçonna que le pauvre ermite était le noble seigneur Max de Ribeaupierre.

Son oratoire fut dédié par lui au patron de son malheureux frère : Saint Jean-Baptiste.

Le peuple est généreux ; ses homma-

ges d'abord réservés exclusivement à
saint Jean-Baptiste, finirent par s'adresser à saint Jean d'une façon plus géné-
rale, moins précise, attirant les pèlerins
au Rudlin et à la Saint-Jean d'été et à la
saint Jean d'hiver. Avec le temps la reconnaissance publique engloba dans un
même culte saint Jean-Baptiste et saint
Jean l'Evangéliste. Naturellement une
statue ne suffisait plus et celle de l'Evangéliste vint faire pendant à celle du Précurseur.

Voilà bien la tradition prise sur le fait,
brodant la fantaisie sur un fond de vérité,
comme la nature fait pousser la mousse
sur les vieux murs. Ecartons la mousse et
respectons les vieux murs !

Longtemps les deux statues firent bon
ménage, et saint Jean-Baptiste n'était pas
jaloux de saint Jean l'Evangéliste ; les
pèlerins se trouvaient également bien de
s'adresser à l'un ou à l'autre. Mais la statue de l'apôtre fut détruite il y a quelques
années et le saint Précurseur reste seul
maître de la chapelle restaurée.

Nombreuses sont les faveurs octroyées par le saint Jean du Rudlin ; cependant les anthrax, clous, furoncles et autres misères son plutôt de son ressort.

Il n'y a pas trop longtemps, paraît-il, certain esprit-fort, s'étant moqué de l'intervention du saint, se serait vu couvert de clous purulents dont il ne put être délivré qu'après une prière faite devant la vieille statue, une amende honorable publique dans le sanctuaire.

Un autre jour, s'il faut en croire la tradition locale, un malheureux arrive à l'hermitage demandant à saint Jean la guérison d'un abcès douloureux et de clous qui lui affligeaient le corps. Suivant la coutume, sa prière dite à genoux sur le pavé, il veut appuyer sa requête par l'aumône traditionnelle, il explore toutes ses poches et n'y découvre qu'une piècette de trente sols. C'était à peu près toute la fortune du pauvre diable qui avait bien l'intention de donner quelque chose, mais pas tout !

Ne pouvant faire de la monnaie, il était

seul et ne voulant pas encourir la défaveur
du saint dont il avait si grand besoin, il la
prie de lui faire crédit : « Bon saint Jean,
lui dit-il familièrement, vous voyez que je
n'ai que ce pauvre *blanc ;* impossible de
changer pour vous faire ma petite offrande ;
mais je reviendrai, foi d'honnête homme,
et je vous payerai ma dette. »

Le saint était-il mal disposé, ou le misé-
reux trop prudent ? Toujours est-il que
saint Jean resta sourd aux promesses
comme aux prières de son client. Se dé-
fiait-il des promesses ? — Bien pauvre
qui ne peut promettre dit le proverbe ! —
Trouvait-il que sa foi ne brillait pas précisément par l'héroïsme et demandait à
être renforcée ? C'est probable ; car dès
le lendemain le malheureux souffrait de
nouvelles éruptions de furoncles et abcès.

Bientôt saint Jean-Baptiste le voit revenir, mais combien plus humble ! Dans sa
détresse le malade trouve des cris si poi-
gnants, des supplications si touchantes
que le cœur du bon Précurseur ne pourra
y résister.

Et aux paroles il a joint les œuvres ; sa chère pièce de trente sols est dans le tronc ; il l'y a déposée sans hésitation, ne regrettant qu'une chose c'est qu'elle ne fût pas plus grosse. Ah ! s'il avait eu un gros écu, il l'eût donné tout de même !

Que pouvait-il de plus ? Il se releva guéri... et riche. La santé n'est-elle pas la fortune du pauvre ?

Avec la santé il travailla et regagna rapidement non seulement sa pièce de 30 sols, mais le vivre de chaque jour !

Une béquille encore suspendue aujourd'hui aux parvis de la chapelle est l'ex-voto d'un estropié guéri. D'après le témoignage de gens consciencieux, ce boîteux aurait été vu par des ouvriers entrer dans la chapelle avec sa béquille et en ressortir complètement guéri ! C'est tout ce qu'on sait.

Le moins qu'on en puisse inférer, c'est l'attestation de la foi et de la confiance populaire envers saint Jean du Rudlin. Au 24 juin, lorsque le curé du Valtin vient célébrer solennellement la messe dans la chapelle, une foule nombreuse accourt. Allez-y et vous serez édifiés de son attitude pleine de foi. Outre la fête de saint Jean, on y célèbre aussi la messe à l'un des trois jour des Rogations. Jadis on le faisait plus fréquemment encore, chaque fois même qu'un groupe suffisant de pèlerins le demandait.

Nous avons décrit en quelques mots la gracieuse chapelle dont le Rudlin est si légitimement fière ; on nous saura gré, peut-être, de dire comment s'opéra cette restauration ou plutôt cette transformation du pauvre petit édicule.

Elle remonte à 1862 et fut l'œuvre de la famille héritière de Madame Elisabeth-Thérèse Régnier de Cogney, veuve de Clinchamp, dont nous allons parler. Mais auparavant nous serions injuste de ne pas associer à cette restauration le nom de M. Silbereisen, administrateur des domaines du Valtin et du Rudlin.

Après avoir échappé à un accident qui lui survint, alors que, comme expert-juré, il tranchait un litige survenu dans une grande propriété forestière, il voulut en reconnaissance, prendre lui-même l'initia tive de la reconstruction de la chapelle. Il y participa même de ses deniers, puisqu'il y consacra les honoraires de son expertise, plusieurs milliers de francs, il y participa surtout par son travail manuel et intellectuel. C'est lui en effet qui fut de ce sanctuaire rajeuni l'architecte et l'entrepreneur, lui qui confectionna de ses propres mains l'autel, le tabernacle en écorces et en cônes de sapins.

Il eut même le bon goût de garder précieusement comme des reliques tout ce qu'il était possible d'utiliser dans l'antique mobilier de l'oratoire : un crucifix en cuivre massif, deux candélabres en bois peint, un lutrin, un porte missel, une pierre d'autel consacrée, les statues de saint Jean.

Trois statues et deux statuettes en bois peuplaient l'ancien oratoire. Saint-Jean Baptiste et saint Jean l'Evangéliste y figuraient l'un et l'autre sous la forme de statue (0 m. 80) et de statuette (0 m. 30).

C'est la statue de saint Jean l'Evangéliste tombant de vétusté que par respect on crut bon de détruire.

La troisième statue représente un évêque, mitre en tête, crosse en main ; c'est Saint-Dié vraisemblablement, qui a laissé dans tout le pays des traces si persistantes de son passage !

La plupart de ces objets sont encore en usage.

Mais ce n'est pas tout ce qui reste de l'ancienne chapelle ; les fouilles pour les fondations ménageaient plus d'une surprise. Dans l'épaisseur d'un mur en démolition, on exhuma une vieille pierre sculptée, provenant sans doute du rétable de l'autel primitif ; on y voit en demi-relief l'image de N S. en croix avec la sainte Vierge et saint Jean. Faut-il en induire qu'à l'origine l'ermite dédia plutôt son ermitage à saint Jean l'Evangéliste, ou n'y voir qu'un calvaire comme il s'en est trouvé dans beaucoup d'églises ? Aux archéologues de répondre. Ils peuvent étudier à leur aise ce bas-relief qu'on a de cette encastré dans la muraille du chœur, derrière l'autel.

On exhuma en outre, dans ces travaux de nombreux ossements humains ; non seulement les ermites y avaient trouvé sépulture, mais aussi beaucoup d'autres personnes avaient sans doute demandé la faveur de reposer à l'ombre du sanctuaire vénéré. Peut-être encore seraient enterrés là les soldats tombés en luttant contre les Suédois ? On sait en effet que dans les environs du Valtin se livra jadis une fameuse bataille qui a donné à un finage des environs le nom de *Champ des Soudaires*.

Mais la principale découverte fut celle d'un squelette d'homme d'une stature quasi-colossale, tels qu'on se représente nos anciens preux et seigneurs aussi vigoureux de corps que valeureux de cœur.

Et comme ce squelette dormait justement sous la dalle du seuil de l'ancienne chapelle, on était en droit de l'attribuer à l'ermite fondateur de l'antique ermitage. Dans son humilité il voulut évidemment être inhumé sous le seuil, afin d'être foulé aux pieds par toutes les générations à venir. De la part d'un Ribeaupierre qui porta si haut l'orgueil du nom, c'est héroïque. Aussi ces ossements, dont on s'arrachait quelques débris comme reliques, furent-ils pieusement recueillis, enfermés en un cercueil et déposés à nouveau sous une dalle du nouvel édicule, dans le couloir de gauche soutenant la tribune.

Cette découverte dont nous ne voulons pas exagérer la signification n'en confirme pas moins quelque peu la tradition et la légende, qui affirment .a présence d'un ermite au Rudlin. Ajoutant son témoignage à celui de la *ferme de l'ermitage*, de la source appelée *fontaine du moine*, située dans la forêt, au-dessus de la tête de la chapelle, à la *Cirgoutte*, nous finirons par constituer un petit faisceau que l'historien ne doit point négliger.

Ces éléments ne suffisent-ils pas à nous représenter le solitaire, le transfuge du monde, vivant en son ermitage, inconnu, solitaire, soulageant les quelques manants vallée sauvage, s'abreuvant à cette fontaine qui a gardé son nom et son souvenir ? Ne semble-t-il pas en réunissant, en coordonnant ainsi les traditions populaires, même les plus invraisemblables de prime-abord, que l'on fait revivre quelques traits de ce mystérieux passé si mêlé de légendes et de documents avérés ?

Combien il est regrettable que les archives de la primitive soient perdus. Sans doute elles ont été volées et jetées à tout vent, lors de la Révolution ; quelques fragments, des titres et manuscrits ont été retrouvés ; ils servaient de couverture à des livres d'écoliers !

En 1863, l'antique chapelle avait donc disparu pour faire place au nouveau sanctuaire. C'est la jolie chapelle du Rudlin avec son clocher renaissance, flanqué de quatre clochetons, avec sa façade qui présente une jolie porte ogivale à meneaux et, encastrées dans la muraille, les armoiries des familles de Cogney et de Clinchamp accolées ; avec ses fenêtres et ses voûtes gothiques, avec son ornementation simple et rustique qui fait l'admiration des touristes et la joie des pèlerins.

Une si complète et si heureuse réfection devait avoir un couronnement digne d'elle et de la noble famille qui l'avait entreprise. Mgr Caverot bénit la chapelle et la cloche qui chante toujours dans son beffroi. Cette cloche, don de M. Ch. Paul, Octave de Bazelaire de Lesseux a pour parrain M. Jean-Théodore Schumacher, gendre et successeur de M. Silbercisen et pour marraine Mme Stéphanie de Bazelaire de Ruppière, épouse de M. Dieudonné Fouilhouze.

La nouvelle chapelle fut dotée comme une église paroissiale. Le crucifix, les candélabres, les garnitures d'autel sont le don de M Bazin, mandataire et avoué de la famille de Clinchamp. Un magnifique calice est l'offrande de Mlle Thérèse de Bazelaire de Lesseux.

C'est naturellement la famille de Bazelaire de Lesseux qui a pris à sa charge l'entretien de la chapelle du Rudlin. Cet honneur et ce droit lui revenaient, comme descendant des anciens seigneurs du ban de Fraize qui possédaient le Valtin et le Rudlin.

Est-il en effet besoin de rappeler que le prince de Birkenfeld un des derniers héritiers des Ribeaupierre, vendit aux seigneurs de Cogney, déjà maîtres de Taintrux et de Fraize en partie, ses propriétés au ban de Fraize, pour la somme de 240.000 livres tournois, à la fin du XVIIe siècle.

Au XVIIIe siècle la seigneurie de Taintrux et de Fraize était le partage de Elisabeth-Thérèse Régnier de Cogney. C'est par son mariage avec Messire J.-B. de Clinchamp, écuyer, chevalier de saint Louis, capitaine de dragons, qu'elle lui apporta en dot ce fief du ban de Fraize, pour la possession duquel il rendit « foy et hommage au roy ».

Le sire de Clinchamp mort sans postérité, ses biens reviennent aux quatre nièces de sa femme, décédée elle-même le 8 ventôse an VII.

De ces quatre nièces les deux premières

Marie-Geneviève Régnier de Chonville épouse de Philippe Leroy de Seraucourt et Adelaïde Régnier de Chonville mariée à Charles-Thiébaut-Valentin d'Uriménil moururent sans lignée. Ce sont donc les deux dernières qui devinrent les héritières définitives de la famille de Clinchamp.

L'une, Joséphine Régnier de Chonville avait épousé Pierre-Maurice Collinet de la Salle dont un descendant légua par testament ses propriétés du ban de Fraize aux hospices de Nancy et de Pompey.

L'autre, Anne-Charlotte Regnier de Chonville avait épousé le comte Louis-Joseph de Bazelaire de Le seux, seigneur du comte de Lesseux, de Lusse, etc., officier au régiment de Navarre, lieutenant des maréchaux de France à Saint-Dié.

C'était le fils de Florent-Joseph de Bazelaire de Lesseux, lieutenant général civil ét criminel au siège de Saint-Dié, dont la famille, déjà reconnue d'ancienne noblesse au XVe siècle, porte d'argent à 3 flèches de gueules posées en sautoir, au chef d'azur chargé de trois étoiles d'argent, et,

pour cimier, une flèche de gueules sur-
montée d'une étoile d'or.

Louis-Joseph de Bazelaire de Lesseux
eut un fils qui est l'aïeul de Monsieur
Octave de Bazelaire de Lesseux et une
fille qui est la mère de Madame la comtesse d'Olonne et de Monsieur Dieudonné
Fouilhouze.

C'est donc à juste titre que la restauration de la chapelle du Rudlin fut entreprise par les héritiers de la famille de
Clinchamp ; puisque c'est par droit d'héritage qu'ils sont devenus les propriétaires de leurs domaines du Valtin et du Rudlin. Ainsi, alliés, comme on vient de le
voir, aux anciens seigneurs du ban de
Fraize ; il y continuent après eux leurs
pieuses et nobles traditions.

Aujourd'hui le Rudlin, quoique isolé,
n'est plus sauvage. Il est fréquenté, vivant, avons-nous dit ; surtout depuis que
ses nobles propriétaires y ont bâti un .si
joli cottage, caché sous les massifs om-
breux des sapins, et facilité les voies
d'accès. Si l'ancien seigneur, le comte

Max de Ribeaupierre y vint chercher la solitude et l'oubli ; ses nouveaux seigneurs en ont saisi le charme si pénétrant ; et pour en savourer plus pleinement la haute poésie ils y ont voulu un pied-à-terre.

En été le Rudlin devient un grand parc, sillonné par les équipages en livrée : et si l'on n'y chasse plus l'ours et le grand cerf, on y poursuit encore le sanglier et le loup. Aussi quand les ombres des anciens preux viennent errer dans ces lieux qui virent l'existence d'une noble race, elles n'ont pas comme tant d'autres à pleurer sur des ruines ; mais peuvent se croire encore aux temps de la féodale splendeur de leur Maison

LE

DON DES LARMES

(Conte de Fées)

—————

Parmi toutes les histoires qui défrayaient les veillées de la montagne, les contes de fées sont les plus intéressantes. Sous un dehors merveilleux et fantastique elles cachent toujours une philosophie symbolique pleine de bons sens, de charme et de poésie.

De là, le rôle joué par les fées dans l'imagination populaire.

Nous n'avons pas à présenter à nos lec-

6

teurs les fées de nos montagnes : ce sont de vieilles connaissances pour eux. Dans un gracieux et savant chapître de ses Miscellanées, M. H. Bardy leur apprit jadis ce qu'étaient ces fées et elfes de la mythologie populaire, dont on peut faire remonter l'origine aux derniers temps de la religion druidique. Il nous cite la fée *Morgane* et *Viviane* et *Mélusine* et *Titania,,* l'épouse du nain jaune *Obéron.* Il nous les montre dansant le soir, à la lumière de la lune sur les clairières des forêts désertes, ou tissant sur leur fuseau agile le fil brillant, rouge et or. Il nous parle surtout des fées du pays vosgien où la croyance à ces êtres fantastiques a laissé des souvenirs qui se traduisent soit par des lieux-dits soit par ces contes populaires (1).

Les contes de fées ont charmé notre imagination d'enfant. Les châteaux des fées ne sont-il pas les premiers châteaux en Espagne de tous les bébés ? Le soir quand leurs grands yeux éveillés implo-

______

(1) La Roche des fées sur l'Ormont et au dessus de Clefcy, etc.

rent une histoire, que leur conter, sinon
une de ces légendes merveilleuses qui
intéressent encore notre curiosité d'homme et de penseur ; car tout ce qui est
beau et bon dans ce monde ne nous appa-
rait-il pas à travers un idéal mystérieux
qui se rapproche de celui des contes et
des légendes ?

> Si Peau-d'Ane m'était contée,
> J'y prendrais un plaisir extrême...

a dit le poëte. Il y en a encore beaucoup,
parmi nous, à qui *Peau-d'Ane* ferait plaisir, et ceux dont l'esprit et le cœur n'ont
pas été desséchés par les théories trop
pratiques de ce siècle ne doivent pas être
d'avis d'interdire le *merveilleux*.

C'est à ce titre que nous consignons le
conte suivant ; car il est plein dirait un
vieil auteur, d'une « mirifique moelle ».

Plusieurs poètes alsaciens, tels que
Bresch, G. Mühl etc. nous ont idéalisé les
légendes des fées vosgiennes. Ils ont
chanté successivement les nains bossus
du Kerbholtz, les lutins qui habitent les
marcaireries des Chaumes, les farfadets

et les gnômes qui ont percé le tunnel de la Schlucht ; les fées qui se baignent dans le Fischbœdle et changent en perles les gouttelettes ruisselant de leur corps. etc.

Après eux il n'y a plus qu'à glaner ; mais vous allez voir qu'en glanant on ne perd pas son temps ; le champ est si riche !

D'ailleurs cette légende est inédite : elle appartient à la fois aux Vosges lorraines et à l'Alsace ; car elle met en scène les fées qui habitaient les pentes du Hohneck et place l'action dans un des châteaux de la vallée de Münster. Les fermiers de l'antique ferme de la Chaume de Montabey en sont les acteurs.

Je l'ai cueillie près des pâtres des environs de Metzeral et de Münster ; après l'avoir déjà entendue dans les fermes de nos montagnes, avec quelques variantes peut-être Mais le fond est le même ; j'ai unifié ces différentes versions en un seul récit que nous appellerons la légende du *don des larmes*, dont la portée morale n'échappera à personne.

Est-ce une simple allégorie, ou la légen-

de a-t-elle poussé sur un fait historique ?
Nous l'ignorons, mais si ce n'est pas l'histoire d'une femme en particulier ; c'est bien
l'histoire de la vie humaine qui peut être
tissée de soie mais dont la trame est trop
souvent de vil coton, cette pauvre vie où
l'homme est condamné à ne goûter que la
joie trempée dans les larmes !

C'est un article de foi pour nos montagnards qu'un enfant né un dimanche a le
bonheur de voir les esprits. A qui souri-
rait l'enfant dans son sommeil, s'il ne
voyait des esprits ?

Mais pour les enfants nés le dimanche,
les fées n'attendent pas qu'ils sourient ;
elles viennent assister à leur baptème.

Or un certain dimanche d'une année
perdue dans les siècles passés, le fermier
de Montabey se vit le père d'une petite
fille. Cette enfant naissant un dimanche
apportait à ses parents non seulement la
joie de sa naissance mais encore la perspective du bonheur. « Que Dieu en soit
loué, se dit l'heureux couple, notre fille
verra les fées ; elles viendront à son baptème ! »

Quelques jours après dans la chapelle du Valtin l'heureuse enfant fut régénérée dans les eaux baptismales et le prêtre lui donna le gentil prénom de Odette.

A cette fête, en effet, apparurent les fées. Elles étaient trois, au retour de la cérémonie le cortège du baptème, composé du parrain, de la marraine qui portait l'enfant, des invités au banquet, les aperçut au-dessus du sentier de la ferme sous la forme de trois dames qui firent sensation. Il n'y avait pas encore de touristes alors, et les belles dames ne fréquentaient par les Hautes-Vosges. Celles-ci venaient du Hohneck. On sait que cette montagne était le séjour favori des fées aujourd'hui disparues.

La solitude de ce massif sauvage encore inaccessible aux vulgaires mortels en faisaient un lieu sacré, cher à ces êtres mystérieux. Les escarpements abrupts de la montagne, festonnée de gorges et de promontoires, recelaient leurs cellules enchantées ; et les sommets gazonnés de bruyères, où sans cesse gémit le vent, étaient le théâtre de leurs jeux et de leurs danses nocturnes.

Ces fées du Hohneck étaient presque toutes de bonnes fées. Suivant l'étymologie de leur nom : *fatum, destinée* ; elles n'usaient guère de leur magique pouvoir que pour souhaiter une heureuse destinée, que pour faire le bien aux montagnards avec lesquels elles entretenaient des rapports de voisinage. Il faut dire aussi qu'ils étaient, de leur côté, de braves gens, bons, simples, religieux, hospitaliers. Leurs mœurs se reflétaient dans les croyances ; et, à part l'époque tragique des sorciers, nos pères ne voyaient que du bienfaisant dans le préternaturel merveilleux. Rien ne rassure contre les terreurs vagues comme une conscience tranquille !

Ce souvenir des fées du Hohneck est encore si vivace que la montagne voisine appelée par les Allemands *Kastelberg,* dominant les Chaumes de *Schmargut,* et de *Breitsuzen* ; a conservé chez nous le nom de Hautes-Fées.

Elles étaient nombreuses ces fées du

Hohneck ; chacune d'elle répondait à un
sentiment populaire, ou plutôt était l'expression animée d'une pensée dominant
la vie humaine. Il y avait la fée de la
richesse, la fée de la beauté, la fée de la
joie, de la peine, la fée des larmes, etc.
Ajoutons qu'elles avaient une reine ou
mieux une suzeraine qui possédait sur
toutes les autres une primauté sur l'étendue de laquelle nous sommes mal fixés.

Si elles ne se trouvaient que trois au
baptême de Odette de Montabey, l'heureuse prédestinée, née un dimanche,
c'est que les fées ne vont que trois par
trois ; et, quand on les invitait à une fête,
elles y rappelaient toujours une trinité :
les trois grâces évidemment.

Mais il est temps de vous présenter les
trois fées qui venaient à la fête du baptême,
chez le fermier de Montabey.

Voici d'abord la fée de la beauté ; et,
pour parler comme un vieux manuscrit
des Vosges, elle était « si moult gracieuse,
avait un visage si plaisant, qu'aucuns
pensaient qu'elle fust un porte-aisle du

Paradis de Dieu. » Bref, elle était ce que
l'on dit communément, belle comme un
ange, gracieuse comme un oiseau, c'est
pour cela, sans doute, qu'on l'appelait la
fée *Aligère*.

La seconde était la fée de la richesse,
nommée *Aurigère*. Ses vêtements tissés
d'or et d'argent, sa tête couronnée de
perles diamantines qui faisaient ressortir
l'éclat et la majesté de sa figure, le di-
saient assez haut.

La troisième était la fée des larmes.
Ses yeux étaient vert-azurés, touchants,
profonds, et continuellement une larme y
brillait qui semblait une perle sertie dans
un écrin de velours bleu. Ses vêtements
étaient austère, dignes et sévères ; eh
bien qu'elle n'eût ni la grâce de la première fée, ni la splendeur de la seconde,
elle n'avait pas un attrait moins puissant ;
et même à elle seule, elle paraissait plus
belle, plus sympathique que les deux
autres ensemble.

On l'appelait la fée *Turquoise*.

Suivons-les maintenant dans la maison

du fermier où elles prennent part au joyeux banquet du baptème.

Avant de quitter la fête, s'approchant successivement du berceau où sommeillait la gente Odette, les trois fées lui font chacune un don.

De sa baguette magique la fée Aligère touche le front de l'enfant et lui dit : « Je suis la fée de la beauté, je t'octroie le don d'être belle comme moi et de charmer tous ceux qui t'approcheront. »

La fée Aurigère promet à son tour richesse et grandeur.

Le père et la mère et toute l'assistance sont en liesse. On dirait, qu'à la voix des fées, le voile de l'avenir vient de s'entrouvrir et laisse voir aux yeux émerveillés une châtelaine ravissante tenant sa cour au milieu des pages et des nobles damoyselles.

Le charme fut rompu par la troisième fée, la fée Turquoise, la mère des larmes ; chacun pâlit et trembla en l'entendant s'exprimer ainsi : « Et moi qui suis la fée triste, je te fais le *don des larmes !* »

A quoi bon, en effet, être riche, être belle, si l'on doit pleurer?

Le premier moment de stupeur passé, les parents ne purent retenir leurs reproches contre cette trouble-fête, cette fée de malheur : « Est-ce que son bonheur vous portait ombrage? s'écrient-ils, pourquoi mettre votre fiel au fond de la coupe qu'elle doit vider un jour? Si vous ne voulez rien lui donner, au moins ne volez pas les présents des autres !... qu'elle jouisse en paix des dons qu'on vient de ui prodiguer si gracieusement !... »

Le père s'était tu ; la mère continua d'un ton suppliant : « Ah ! si Odette doit connaître la pauvreté après l'opulence, et l'obscurité après la grandeur, non, pitié pour elle et pour moi, qu'elle reste pauvre comme nous, c'est moins cruel ! Retirez plutôt vos présents que de leur donner un lendemain ! Mieux vaut ne pas connaître le bonheur que d'en porter un jour le deuil !... »

Le cri de la pauvre mère était si poignant que la fée reprit avec compassion :

« Vous pouvez refuser le don que je fais
à votre fille, quant à moi je ne puis lui en
octroyer d'autre Cependant réfléchissez
avant de m'opposer un refus. Le don des
larmes est plus précieux que vous ne
croyez. La larme soulage, elle féconde ;
malheur au sol où ne jaillit pas de source
et au cœur fermé comme le roc !... Je
laisse votre fille avec son avenir de
richesse et de beauté, puisse-t-il suffire à
son bonheur ! »

Sur ce, les trois fées prennent congé.
Les deux premières, après avoir encore,
de leur baguette enchantée, touché le
front de leur pupille, lui laissant comme
gage de leur protection un long et gracieux sourire ; tandis que la fée Turquoise,
dont on avait méprisé les faveurs, saluait
tristement et se retirait sans tourner la
tête.

Les parents demeurèrent sous cette
impression. Leur joie était empoisonnée
par un vague pressentiment : l'avenir de
leur Odette leur apparaissait radieux à
travers le sourire des deux premières

fées ; mais le visage glacé de la troisième
avait suffi à jeter un nuage dans leur ciel.
Ce n'est pas impunément que l'on offense
une fée ; une déesse est toujours femme
et ne pardonne guère le dédain ! Pourquoi
avoir refusé ses faveurs ?

Le mal était fait, était-il sans remède ?
On se promit de le réparer à la première
rencontre, mais la fée Turquoise ne revint
plus.

Le temps efface tout ; il emporta bientôt
ce souci sur ses ailes. Quelques années
plus tard on n'y pensait plus. Odette en
grandissant réalisait les belles et brillantes
qualités dont l'avaient dotée ses mystérieuses marraines. Elle semblait ciselée
de lumière et d'or. C'était bien la fleur de
la montagne, nourrie de soleil et de grand
air, épanouissant les roses de sa corolle
sur une tige souple et gracieuse. Mais le
souffle des fées avaient jeté là-dessus je
ne sais quel reflet mystérieux, subtil
comme le parfum du lys, capiteux comme
l'arôme de la bruyère sauvage.

Elle avait le délicat profil des vierges

antiques, la riche chevelure de sa marraine, l'œil profond de ceux qui ont contemplé l'infini et en ont gardé le rêve. Aussi avait-elle un port de reine qui trahissait la femme supérieure, même sous sa mise de montagnarde.

Bref, elle attirait tous les yeux, mais pas les cœurs ! Que lui manquait-il donc ? Ce qui manque à la fleur quand le ciel est d'airain et refuse la goutte de rosée.

Il lui manquait la divine beauté des larmes. L'œil a beau être profond, le regard magnétique, s'il reste toujours sec, il devient dur ; il est puissant, il peut subjuguer comme celui du serpent, il ne charme point. Il ne fait pas à l'âme l'une de ces blessures éternelles qui soumettent un cœur pour toujours. Il inspirera un caprice, pas un amour véritable.

Odette en fera bientôt l'épreuve.

On l'admirait comme on admire le modelé d'une statue de maître, on la convoitait comme l'on convoite une plante rare. Elle plaisait uniquement comme plaît la beauté plastique. La sensibilité lui semblait absente et son sourire même était froid. Jamais on ne la voyait émue, jamais on ne la voyait pleurer ; et pas même les innocentes larmes que versent les enfants, les larmes des premiers et éphémères chagrins, jamais on ne les avait vues perler dans ses beaux yeux toujours brillants mais toujours secs comme un cristal au soleil !

Oh ! ce don des larmes, pourquoi l'avoir repoussé si légèrement ! La mère d'Odette se l'était reproché bien des fois ; elle eût donné dix de ses sourires pour une larme ; et pourtant Dieu sait s'ils étaient doux les sourires de cette adorable enfant !

Pour la mère ce n'était qu'une privation pour la fille ce devait être un martyre.

Mais n'anticipons point. Nous avons vu le premier horoscope se réaliser. La fée Aligère avait promis la beauté, elle avait tenu parole ; l'évidence dépassait tous les rêves.

La fée Aurigère ne sera pas moins royale pour doter sa pupille ; attendez

qu'elle entre en scène et vous verrez si
elle se laisse vaincre en générosité par sa
compagne.

Pendant que ses parents arrosait le sil-
lon de leurs sueurs, Odette menaît paître
sur les Chaumes les troupeaux de la ferme. Volontiers elle s'attardait dans ces
solitudes où elle comptait autant d'amis
qu'il y avait d'oiseaux chanteurs et de
fleurs alpestres.

Un jour la gentille pastourelle avait
conduit son troupeau sur le versant de la
montagne qui domine Münster et s'était
arrêtée longtemps à la lisière d'une immense forêt de sapins. Tout à coup elle
entendit une sonnerie de cor et bientôt
vit paraître dans la futaie une belle troupe
de cavaliers. C'était le comte Gontram
de Girsberg qui était en chasse à la tête
de ses gens, véritable armée de piqueurs
et de varlets.

Gontram était le fils du haut et rude
sire de Girsberg dont le château, au pied
du Staufen, dominait le val de Saint-Gré-
goire.

Longtemps les Girsberg furent la ter-
reur de toute la vallée sur laquelle ils
s'abattaient en vrais vautours, faisant leur
proie des fiefs de leurs voisins et des ter-
res abbatiales et municipales. Aussi
étaient-ils en guerre continuelle avec les
seigneurs alsaciens qui finirent par les
vaincre et déconfire. Leur manoir fut
détruit et leur race transplantée, dans l'un
des trois châteaux de Ribeauvillé qui a
a pris et conservé leur nom.

Mais à l'époque de notre récit la maison
de Girsberg était vraiment prospère. Nombreux vassaux suivaient sa bannière.
Aussi Gontram et son père se voyaient-ils
encore bien redoutés parmi les hauts
barons de l'Alsace pour leur audace, leur
intrépidité et aussi peut-être pour leur
rapacité héréditaire. Chez eux le luxe éga-
lait l'orgueil et la puissance.

Depuis peu de temps Gontram avait
perdu son père ; il venait de recevoir l'in-
vestiture de sa haute baronnie. Fils unique, héritier du fier donjon et de ses immenses dépendances, il s'annonçait com-

7

me le digne continuateur d'une longue
lignée. Accompli en toutes choses, à la
hardiesse téméraire de ses ancêtres, ces
hommes de fer qui ne prétendaient rele
ver que de Dieu et de leur épée, il joignait
la noblesse des sentiments, la grâce des
manières, ce tact, cette élévation qui formaient le code de la chevalerie et qu'il
avait puisés à bonne source, ayant été
page à la cour du roi de France. Au con-
tact de cette chevalerie française si noble,
si fière, si enthousiaste du beau et du
grand, l'orgueil farouche des vieux bur-
graves ses ancêtres, s'était transformé
chez le jeune comte en fierté intransi-
geante et chatouilleuse.

Gontram était donc un gentilhomme de
renommée de race, d'esprit et de mine, et
comme son cœur s'était affiné il rêvait un
idéal de grâce de beauté, pour devenir sa
compagne. Quelle serait donc la future
chatelaine de Girsberg ?

Ce devait être Odette de Montabey !

Si le jeune comte Gontram se trouvait en
chasse dans les forêts de la Schlucht, s'il

s'était attardé avec ses gens sur les chaumes du Hohneck, ce n'était pas l'effet du hasard. D'abord rien ne se fait par hasard en ce monde ; et puis nous savons que les fées veillaient sur les destinées d'Odette. Et c'étaient les fées, en effet, qui par une inspiration mystérieuse avaient amené là le jeune gentilhomme pour qu'il y rencontrât la beauté de leur protégée.

Le coup fut décisif, le noble chasseur ne put cacher son trouble à la vue de cette jeune pastourelle entrevue dans ce cadre champêtre. Il déclara que « oncques n'avait rencontré pareil visage plus majestueux, plus joli ès castels et moustiers voisins, voire même à la cour du roi de France. »

Après s'être enquis du nom de la si gente personne ; et, comme s'il se fût adressé à une fille de prince il lui dit tout bonnement en français qu'il parlait ainsi que tout chevalier bien éduqué : « Damoyselle Odette, m'avez navré et féru d'une profonde blessure en mon âme, vous serez ma Dame, s'il vous plaît, jusqu'à la fin de notre vie en ce siècle. »

— « Beau Sire, reprit ingénûment la jeune fille, qui parlait elle-même comme une vraie damoyselle ; je suis ébahie et reconnaissante, et si mon père, le fermier de Montabey veut bien m'octroyer à votre seigneurerie ; je vous suivrai en votre syraulté, pour être votre fidèle servante. »

Le jeune seigneur se fit mener avec toute sa suite à la ferme de Montabey, et, solennellement il adressa à ces paysans requête et prière pour épouser en justes noces leur fille Odette, cet astre de jeunesse et de beauté ; méritant pour sa distinction, noblesse et puissance.

— « Ainsi-soit-il, répondirent les heureux parents qui voyaient ainsi pour leur fille, se réaliser le don de la deuxième fée : la richesse, la grandeur !

Et, charmé et heureux, le sire Gontram de Girsberg mena en son manoir Odette de Montabey ; l'épousa et la fit reconnaître Dame souveraine de toute sa chatellenie.

L'éclat de la beauté, la splendeur de la richesse, n'est-ce pas tout pour le monde

extérieur et superficiel ? Rien n'échappe
à leur empire ici-bas !

Avec cette double auréole, instantanément, Odette fut reine à la cour seigneu-
riale du château de Girsberg De prime-
abord sa beauté magique saisissait et lui
donnait l'air d'une déesse laissant sur son
passage un charme mystérieux et surhu-
main.

Cette beauté avait elle-même comme
la baguette féérique qui l'avait communi-
quée le don de subjuguer. Rien donc
d'étonnant que, après le jeune et bouillant
Gontram, chacun au château subit si
promptement et si spontanément ce
charme magnétique et transcendant.

Tout alla bien tant que dura le philtre ;
mais il devait s'évanouir.

Pourquoi au baptème de l'heureuse
Odette les fées étaient-elles venues, au
nombre de trois ? — les fées à elles trois
se complétaient comme les couleurs de
l'arc-en-ciel : impossible de les isoler sans
les neutraliser.

Le malheur d'Odette fut d'avoir refusé

le troisième don ; celui des larmes dont l'absence frappait d'impuissance les deux premiers,

Elle allait même les perdre ces deux premiers dons de beauté et de richesse, dans une lutte engagée avec ses ennemis car elle en eut bientôt, les succès nous en suscitent toujours.

Elle allait apprendre à ses dépens, la belle châtelaine, que le bonheur n'est pas de ce monde, parce que ici-bas il se heurte forcément à un triple écueil : la lassitude, la déception, la jalousie.

Lequel allait faire sombrer sa barque ? Mais tous les trois devaient s'unir contre elle.

La lassitude d'abord. Elle vient vite la satiété de la beauté plastique, quand celle-ci n'est pas un reflet de la beauté morale ou quand elle n'est pas animée, idéalisée par la sensibilité. On se lasse d'admirer même les plus belles choses; et, habitué à cette beauté enchanteresse de son épouse, le sire Gontram finit par se blaser.

Nature ardente dont l'éducation avait
affiné les aspirations mais non dompté la
fougue, il avait les passions trop viv·s et
le cœur trop chaud pour faire un contem-
platif. Aussi, le premier enthousiasme
passé, le charme fut rompu. Vint un jour
où le jeune comte fut repris de la passion
de la chasse. Les liens qui le rivaient naguère au foyer n'étaient plus si forts. Et
cependant la comtesse n'avait pas changé
au contraire, le bouton de rose s'épa-
nouissait maintenant dans toute sa splendeur ; mais dégageait toujours le même
parfum.

C'était la forme impeccable d'une ca-
mée antique ; et Gontram eut préféré
qu'elle ne fût pas taillée dans le marbre
de Paros, mais plutôt faite d'une argile
vivante qu'eût modelée chaque nuance
d'idée et de sentiment ; perpétuel rajeu-
nissement, subtils contrastes, qui, en la
laissant la même l'eussent transfigurée
sous l'influence de l'émotion.

Il avait épousé une déesse, combien il
eût mieux aimé une mortelle qui eût un

cœur de femme avec toutes ses qualités, même ses défauts.

Son admiration s'arrêtait donc et se figeait pour ainsi dire dans la glace, son affection semblait ne point pénétrer l'âme de cette statue et il éprouvait une sensation vague dont il ne se rendait pas compte mais à laquelle il obéissait en cherchant des distractions vio'entes à travers la montagne.

Il subit cette transformation inconsciemment. Ainsi le premier ennemi d'Odette fut son mari ; du moins sa première souffrance vint de lui. Elle chercha tout d'abord à se faire illusion : ce n'était qu'un nuage dans son ciel, il passerait et de beaux jours luiraient encore pour elle. Elle se trompait, la froideur alla s'accentuant et devint de l'indifférence. Avec cette intuition du cœur qui est le don de la femme, la pauvre Odette le comprit bientôt et sentit le désespoir monter, monter dans son âme et tout submerger.

Seule, retirée en ses appartements, elle restait là, l'œil perdu dans le vide et tou-

jours sec ; songeant au bonheur passé,
maudissant le hasard qui l'avait mise sur
le passage du comte de Girsberg, maudissant les fées et leurs dons, maudissant
même ses parents qui l'avaient privée de
la seule consolation qui reste aux malheureux ; car son cœur était plein et ne
pouvait se décharger. Elle étouffait faute
d'une larme, cette douce consolatrice de
l'âme qui vient toujours à notre secours,
lorsque nous éprouvons les pénibles
atteintes de la pitié ou de chagrin !

Et ce lui fut de la sorte la plus cruelle
des déceptions de voir qu'au milieu de la
richesse, avec la beauté, on pouvait connaître le chagrin.

Si encore elle avait pu épancher sa
peine dans le sein de sa mère ; mais le
métayer de Montabey était resté un simple manant auquel l'accès du château
était interdit. Les pauvres parents jouis-
saient de loin des hommages rendus à
leur fille qu'ils croyaient heureuse, tandis
qu'ils se contentaient d'être confondus
dans la foule populaire.

La tristesse la minait, les larmes bouil-
lonnaient dans son cœur jusqu'à la faire
éclater, comme une machine qu'on a
oublié de doter d'une soupape de sûreté.
Elle avait le sentiment de son impuissance
elle appréhendait l'explosion de cette pauvre machine humaine qui servait d'enve-
loppe à son âme que le chagrin détraque,
quand il ne l'a tue pas.

Il tue plutôt l'homme, la femme il la
vieillit. Odette en fit l'expérience. Malgré
tous ses efforts son sourire n'était plus
spontané ni son regard radieux leur empire déclinait rapidement. La tristesse,
l'abattement trop visibles sur son magnifique visage, en dépréciaient la beauté, en
raison directe de la peine qui grandissait
intérieurement.

Ce changement dont il suivait les traces
et les ravages exaspérait Gontram de
Girsberg, et le remords le prenait, d'avoir
cédé à un sentiment trop prompt, trop
puéril. Il n'était pas homme à supporter
longtemps le masque du bonheur. On
l'aida encore à rompre avec une situation
aussi pénible ; car la jalousie veillait !

La jalousie est la première ennemie du bonheur.

Il se produit toujours dans ces cas des caprices des grands, que la jeune fille transplantée, par une mésalliance qui l'élève, en un monde qui n'est pas le sien, se heurte aux dédains des grandes dames qui ne lui pardonnent pas de leur avoir été préférée : l'amour propre de la femme est doublé de l'orgueil de la caste.

C'est ce qui arriva pour Odette de Montabey : les hommages rendus à la paysanne métamorphosée en comtesse, semblaient un vol fait aux autres dames, femmes de la noblesse. De là une rivalité féroce qui ne désarmera pas.

Le changement opéré dans le cœur du Maître ; la tristesse, la prochaine déchéance de la nouvelle châtelaine n'échappèrent pas à cette jalousie des dames du château et des manoirs voisins. Et ces sentiments, on sut les exploiter à titre de vengeance ou plutôt de revanche.

Avec une unanimité touchante, on rappelait la générosité du noble seigneur qu[i] avait daigné abaissé son regard sur une pauvre fille, mettant la richesse du cœur au dessus de tout l'or du monde. Car ce n'était pas le visage seul qui l'eût séduit disait-on, et on le plaignait hautement, de voir sa tendresse si mal récompensée !

Eh la compassion féline s'étendait même à la pauvre Odette. Ce n'était pas sa faute, la pauvre ! si elle manquait de tact, de délicatesse ! Elle le devait à son humble origine ! Mais enfin, c'était un malheur que de sortir de si bas ! On rendait hommage à sa beauté, rare, savoureuse, éclatante comme les fleurs de la montagne, qui charment tout de suite, mais qui perdent leur éclat, si on les transplante hors de leur cadre sauvage !

A l'occasion d'une de ces fêtes qui se donnaient si fréquemment et si brillamment au Moyen-âge, entre les gentilshommes d'une même province, réunis en un château, la colère et la douleur du comte Gontram éclatèrent et s'étalèrent si publiquement que la pauvre Odette ne put se faire d'illusion ; elle était finie !

Ostensiblement s'était manifesté le dédain du comte pour sa femme et son remords de l'avoir introduite inconsidérément au noble castel de ses pères. Toute la noblesse réunie n'avait pas donné des marques moins ostensibles de sa satisfaction. Les rires étouffés, les compliments à rebours semblaient pleuvoir sur l'infortunée Dame de Girsberg. Et parmi l'assistance féminine, chacune soulignait à sa manière les preuves de lassitude éclappées au Maître désabusé.

Rien ne se voilait pour Odette des menées de ses rivales. N'ayant pas grandi dans cette atmosphère des salons, elle n'avait pas l'art de composer son maintien, de faire contre fortune bon cœur; aussi la tristesse se trahissait-elle dans ses traits abattus et son regard atone.

Elle eut cette mortification d'exciter la pitié.

Et c'est cette pitié qui fit éclater la colère de son époux. Il eût supporté les sourires de la galerie, non la pitié, surtout la pitié des femmes.

Et devant cet affront, d'un regard il foudroye la malheureuse, la cingle d'un mot cruel et se retire bruyamment, l'abandonnant à la commisération publique.

Quelques instants plus tard le vide s'était fait dans les salons déserts. Chacun ayant hâte de fuir ces lieux naguère si joyeux.

Pour la châtelaine, seule dans ses appartements ; elle appelle la mort, car la vie lui est odieuse : il est des affronts auxquels un noble cœur ne peut survivre ! Sa poitrine se soulève, prête à éclater. Elle appelle de nouveau et en vain les larmes qui ne viennent pas. Alors, désespérée, folle de douleur, elle a résolu de terminer son malheur en mettant fin à ses jours.

On est au milieu de la nuit. Le lendemain ne se lèvera pas sur sa honte ; non, la lumière du soleil n'éclairera point sa déchéance. Elle se lève et sort du château par la poterne. Où va-t-elle, la pauvre Odette ? Elle n'en sait rien. Elle court à travers la montagne et la voilà aux bords de l'étang du *Fischbœdle*, sur les escarpements qui dominent le lac, comme des aiguilles de granit.

Elle découvre à ses pieds l'eau azurée où se réfléchissent les étoiles et le ciel bleu ; l'eau qui l'appelle, qui l'attire, où elle noiera son existence et ses malheurs !

Mais voilà que du fond même de l'onde paludéenne, surgit une lumière vaporeuse qui prend une forme. Une femme jeune, belle comme la nuit, triste comme le chagrin, se dresse devant elle et dit : « Odette, il vous reste au monde une amie ! Ne devinez-vous pas en moi la fée Turquoise qui assista à votre baptême ? Le don des larmes que vos parents ont refusé pour vous, vous eût épargné bien des humiliations et une partie des souffrances dont vous venez de faire la cruelle expérience. La beauté, la grandeur, la gloire fatalement excitent la jalousie, et la jalousie fait souffrir l'âme qu'elle atteint et celle qu'elle poursuit. Même avec les dons de mes deux compagnes, vous ne pouviez trouver icibas un bonheur sans mélange : il n'existe que là-haut ! Non, personne n'échappe à la peine ; c'est pour cela que les larmes sont nécessaires et bienfaisantes. Votre malheur vient moins encore de la malice des hommes que de votre insensibilité. Si vous aviez pu pleurer, votre cœur était soulagé, votre âme rassérénée rayonnait sur votre figure ; votre regard humide et touchant acquérait une puissance de plus. Votre mari n'eût pas douté de votre tendresse ; et les nuages de votre ciel n'eussent jamais recélé la foudre qui vient de vous écraser.

« Mais il ne sera pas dit qu'une enfant née le dimanche, qu'une enfant dont la naissance a été bénie par les fées sera malheureuse. J'ai retiré le don des larmes, non pas pour vous faire souffrir toute votre vie, mais pour que vous fassiez l'expérience de sa nécessité. Ce don des larmes, je vous l'octroie de nouveau aujourd'hui, puisque vous le désirez et que vous n'avez pas approuvé le refus prématuré et excusable de vos père et mère ! »

Et la fée disparut après avoir touché de

sa baguette magique les deux yeux
d'Odette.

Celle-ci reprit le chemin du château. De
douces larmes coulaient lentement sur son
visage. Le bonheur n'était pas revenu,
mais elle était soulagée ; les larmes enlè-
vent à la souffrance tant d'amertume,
qu'elle bénissait la bonne fée de son don.

Les étoiles commençaient à pâlir dans
le jour crépusculaire, comme elle rega-
gnait le château, sans que sa fuite ait été
remarquée. Une fois dans ses appartements, quelle ne fut pas la surprise
d'Odette de voir, à la clarté de l'aurore
qui entrait par l'ogive du vitrail, un ruis-
sellement de perles sur ses vêtements.
Serait-ce un jeu de la lumière dans ces
larmes, comme dans les gouttes de rosée
suspendues aux brins d'herbe du matin ?
Mais non, ses larmes n'ont pas seulement
l'éclat des rubis, des émeraudes, des tur-
quoises, elles en ont la consistance. Elles
se changent en véritables perles. Et durant trois jours les yeux d'Odette de Montabey distillèrent de fines pierres précieu-

ses : la source en paraissait intarissable.

Au soir du troisième jour, elle reçut la visite de la fée des larmes. C'était bien ce noble et pâle visage de l'apparition du *Fischbœdle;* mais un sourire mélancolique avait remplacé sa gravité troublante. La fée accueillit volontiers les démonstrations de la gratitude de la jeune femme, heu‑reuse de revivre et de pleurer.

« C'est bon de pleurer, s'écriait Odette, oh que les larmes sont douces ! »

— « Et précieuses, reprenait la fée. Avec ce don des larmes vous allez retrouver les dons des deux autres fées. Prenez ces perles et formez-en un collier à trois rangs. Demain matin portez ce collier à votre cou, il fera reparaître votre beauté, et allez saluer votre époux que vous n'avez pas revu depuis trois jours ! »

La fée disparut de nouveau ; et, le lendemain matin, le collier à trois rangs de perles était fait. Odette s'en parait et quittait ses appartements.

Elle rencontre son époux qui, depuis

trois jours, était allé chercher dans la montagne les distractions de la chasse. Au moment où il reparaissait dans la cour, Odette s'avance et lui dit : « Monseigneur, point n'étais faite pour mener liesse et tournois, vous supplie m'octroyer licence de retourner près de mes bons parents. N'en serai moins votre humble servante et toujours prierai pour l'heur de votre seigneurie notre doux Sauveur et sa benoîte Mère ! »

Le comte en voyant sa femme fut de nouveau sous le charme, plus même qu'il ne l'avait été lors de leur première rencontre. Il retrouvait sa beauté relevée, comme par un rayon, un éclat mystérieux qui la surnaturalisait.

Oh ! pensa-t-il pourquoi l'ai-je regardée par les yeux des autres ? Pourquoi avoir prêté l'oreille aux insinuations malveillantes de la jalousie. « Et qui donc disait, s'écria-t-il, Odette ma mye, que vous étiez insensible, et sans grâce. Non, ne me quittez pas, vous êtes ma Dame et le serez toujours pour le bonheur et la joye de ma maison ! »

En son honneur il donna une nouvelle fête dont la comtesse de Girsberg fut vraiment la reine. Elle ne régnait plus seulement par la beauté, mais par le cœur, aussi son règne ne devait plus finir, car sa bonté désarma la jalousie.

La sensibilité qui lui était rendue avec les larmes était la preuve de cette bonté de cœur; tant il est vrai de dire avec le poète : « Quand l'amitié ou l'amour éveillent notre sympathie, lorsque la sincérité devrait éclater dans le regard, les lèvres peuvent tromper en creusant la fossette d'un sourire, mais la vraie preuve de l'émotion est une larme.

« Trop souvent un sourire n'est qu'une ruse de l'hypocrisie, pour masquer la haine; je préfère un doux soupir, lorsque les yeux, expression de l'âme, sont un moment obscurcis par une larme ! »

SAINT NICOLAS

Patron de la Lorraine

Dans nos Vosges, comme dans toute la Lorraine, la fête de saint Nicolas est toujours aussi populaire, aussi gracieuse, aussi réjouissante ! Toujours elle fait le bonheur des enfants ! Depuis des semaines déjà, ils la voient surgir aux premiers jours de décembre : Voici la saint Nicolas ! Oh ! le grand, le beau jour, qui évoque, comme en une éblouissante féerie, toute une fantasmagorie de jouets, de gâteaux, de bonbons, toute une série de bonnes et douces choses !

Parlons donc un peu de saint Nicolas, puisque tout le monde l'aime et le fête.

Car il n'est pas seulement le patron des
enfants ; peut-être même, n'est-il pas un
saint du Ciel qui ait autant de clientèle
que saint Nicolas ! Sa protection est si
puissante, si large, si efficace, qu'elle
s'étend sur toutes sortes de personnes, de
tout âge, de tout rang, de tout pays. C'est
bien pour cela qu'on l'appelle le grand, le
bon saint Nicolas !

La vie de Saint Nicolas est si féconde
en prodiges merveilleux, les miracles
qu'il a opérés, de son vivant et après
sa mort, sont si éclatants, si variés qu'on
s'explique facilement l'universalité de son
culte.

S'il est le patron des enfants c'est que
sa sainteté a éclaté dès sa plus tendre enfance : Denys le Chartreux prétend que
Dieu lui donna l'usage de la raison dès sa
naissance même, comme paraît l'indiquer
le miracle qui eut lieu lorsque, pour le
baptême, on le plongea dans un bassin
d'eau. L'enfant se leva de lui-même sur
ses pieds, et, durant deux heures, demeura les mains jointes, les yeux au Ciel.

D'ailleurs sa naissance avait été annoncée par un messager céleste venu pour avertir ses parents de donner au fils qui devait leur naître, le nom de *Nicolas*. Nicolas signifie *Victoire du peuple.*

Ce qui le désigna surtout au patronage de l'enfance, c'est le miracle si fameux, si connu des trois enfants ressuscités. Toutes les statues de saint Nicolas, flanquées de trois enfants en un cuveau, rappellent ce miracle attesté par saint Bonaventure : « saint Nicolas, dit le Docteur séraphique, devenu évêque de Myre ressuscita deux jeunes écoliers de qualité qu'un hôtellier avare et cruel avait égorgés et découpés dans un saloir » D'autres disent que c'est trois enfants que saint Nicolas ressuscita, sur le chemin de Nicée, trois enfants qu'un maître d'hôtel avait égorgés et hachés pour vendre comme viande de boucherie.

> « Ils étaient trois petits enfants,
> Qui s'en allaient glaner aux champs ! »

chante la complainte naïve qui rapporte le fait. Saint Nicolas qui voyageait pour se rendre au concile de Nicée, entre dans l'hôtellerie de ce sanguinaire hôtelier. Par une intuition divine, il a connaissance du crime. Il s'approche du saloir où gisent les morceaux des cadavres de ces pauvres innocents. Aussitôt qu'il a posé les doigts sur les bords de la cuve, les trois enfants se lèvent ressuscités comme s'ils sortaient tout simplement d'un profond sommeil plein de rèves merveilleux.

> « Le premier dit : « J'ai bien dormi !
> Le second dit : « Et moi aussi !
> Et le troisième : « O mes amis,
> Je me croyais en Paradis ! »

Ces deux prodiges rapportés diversement par la tradition exploitent évidemment un thème unique.

Saint Nicolas est aussi le patron des marins et de tous ceux qui voyagent sur mer. Ce n'est pas sans raison, maintes fois, soit pendant sa vie, soit après sa mort, saint Nicolas a manifesté sa puissance sur les flots.

Avant d'être évêque de Myre, il s'était embarqué pour la Terre Sainte. Dans la traversée il prédit au pilote une horrible tempête que le démon devait soulever. Sa prédiction se vérifia bientôt : l'ouragan se déchaîna si furieusement que l'équipage faillit sombrer. Mais une prière de saint Nicolas suffit à mettre en fuite le diable qui secouait le navire, et apaiser la mer en furie.

Sur ce même vaisseau il rendit la vie à un jeune gabier tué en tombant du haut du mât de misaine.

Même de son vivant, la puissance de saint Nicolas, pour apaiser les tempêtes de l'Océan, était déjà si connue que, en une nuit affreuse, des matelots se trouvant sur le point de faire naufrage s'adressèrent à lui pour les tirer du danger. Immédiatement l'évêque de Myre se trouve sur leur vaisseau, au milieu d'eux : « Courage, leur dit-il, je viens à votre secours ! » Il prend lui-même le gouvernail et dirige la nef à demi brisée jusqu'au port de Myre où il disparut.

Adam de Saint-Victor ne manque pas de rapporter ce prodige dans la belle séquence qu'il composa en l'honneur de saint Nicolas, et que l'on chantait dans les offices du Moyen-âge.

Pourquoi le saint évêque de Myre est-il revendiqué aussi comme patron par les avocats ? C'est qu'en plus d'une circonstance il se montra lui-même habile et puissant avocat. Il avait un don particulier pour délivrer les innocents et retirer les opprimés des mains de la justice induite en erreur.

Certain jour il apprend qu'un juge inique a condamné à mort injustement trois habitants de Myre. Au moment où l'on allait les supplicier, saint Nicolas, arrive, avec trois officiers de l'empereur Constantin, sur le lieu de l'exécution. Il arrête le bourreau prêt à frapper, fait venir le juge déloyal, et, devant lui, en vertu de l'autorité de sa puissance épiscopale, il casse la sentence injuste et renvoie les malheureux en liberté.

Plus tard, ces mêmes trois officiers qui accompagnaient saint Nicolas ; de retour à Constantinople, sont eux-mêmes accusés faussement de conspiration contre l'État. Sur de faux témoignages, on les condamne à perdre la tête. Ils se souviennent alors de saint Nicolas, et, bien qu'éloignés de sa résidence, lui adressent leurs invocations, le priant de les tirer, eux aussi, de l'extrême danger de mort qui les menace. Ils furent exaucés : la veille de l'exécution saint Nicolas apparaît en songe à Constantin et lui déclare l'innocence des condamnés. Le lendemain l'empereur fait délivrer les prisonniers et les envoie vers l'évêque de Myre avec de riches présents.

Le barreau français tint longtemps saint Nicolas, comme saint Yves, pour son patron. Dans son histoire des croyances, M. F. Nicolaÿ nous apprend que « le nom de *bâtonnier* que porte encore le chef de l'ordre des avocats lui vient de ce que l'avocat élu par ses confrères pour les représenter portait dans les grands jours le bâton de saint Nicolas, patron de la confrérie des avocats établie en 1342 par les compagnons clercs et procureurs.

En 1782, le barreau cessa de participer

à cette confrérie, mais le nom de *bâton-nier* est resté.

Les avocats devaient assister à la messe du deuxième jour de la saint Nicolas, célébrée dans la salle des Pas-Perdus, et revêtir la robe et le chaperon herminé, comme pour les processions et les audiences solennelles (1). »

Le domaine de saint Nicolas est universel : son pouvoir semble s'étendre sur tous les éléments, sur le feu comme sur l'eau. Au jour de son sacre à l'issue de sa messe pontificale, une mère éplorée accourt lui présenter son enfant qui venait de périr dans les flammes. L'évêque fait sur le petit cadavre carbonisé le signe de la croix, ce simple signe rend la vie à l'enfant, en présence de toute l'assemblée. Sa puissance sur les flammes s'est manifestée plusieurs fois encore. C'est donc à juste titre qu'on invoque saint Nicolas contre le feu.

Ajoutons qu'on l'invoque aussi dans les famines, les disettes. Pour nourrir 83 ou-

----

(1) Nicolay, hist. des Croyances, Tom. II, page 76

vriers qu'il employait à la construction
d'une église, il n'avait plus un jour,
qu'un seul morceau de pain ; à l'exemple
de son Maître sur la montagne il multi-
plia tellement ce pauvre morceau de pain
qu'il se trouva plus que suffisant pour
nourrir tout le monde.

Il serait trop long de narrer ici les
nombreux miracles de saint Nicolas qui
sauva merveilleusement et ingénieuse-
ment la ville de Myre et son diocèse d'une
très grande famine. Faut-il rappeler que
saint Nicolas partage avec saint Antoine
de Padoue la clientèle de ceux qui sont à
la recherche d'objets perdus. C'est même
une clientèle qu'il eut avant lui.

On sait que très probablement saint
Nicolas fut un des pères du concile de
Nicée, et qu'il eut, sous la persécution de
Licinius, l'insigne honneur de confesser
la foi de Jésus-Christ.

Après sa mort son corps fut déposé dans
un sépulcre de marbre. Les offices du
moyen-âge rapportent le miracle de la
manne de saint Nicolas, sorte de liqueur

huileuse qui découle de son tombeau. Cette manne a le privilège de guérir les yeux, les aveugles, les sourds, les malades.

« De son tombeau de marbre, dit un repons de l'ancien breviaire, découle une huile sacrée qui guérit les aveugles, rend l'ouïe aux sourds, remet en santé les débiles.

C'est un fait constaté et qui continue de nos jours !

Cette manne, source de miracles, attira à son tombeau à Myre, puis à Bari où son corps fut transféré en 1087, une infinité de pèlerins.

Saint Nicolas est particulièrement en honneur dans l'église d'Orient. La plupart des miracles opérés par lui ont été chantés en grec dans les Ménées de l'église bizantine. Aujourd'hui on les répète encore en langue russe, car l'église orthodoxe russe a conservé pour saint Nicolas un culte spécial. Il n'est pas une famille, là-bas chez nos amis, qui ne possède et ne vénère l'*icône* de saint Nicolas; les prénoms de Nicolas abondent en Russie, surtout parmi les hautes classes de l'aristocratie et dans la famille impériale.

Mais le principal titre de saint Nicolas à notre vénération c'est qu'il est encore le patron, le protecteur de notre pays, la Lorraine.

Dès l'an 112, les ducs de Lorraine, nous apprend Jean Ruyr, avaient déclaré Saint-Nicolas, Patron de leurs états. Tous tinrent Saint-Nicolas en grande dévotion et vénération. René II l'avait fait représenter sur ses guidons et Henri II avait conçu le projet d'ériger en Lorraine un ordre de chevalerie de Saint-Nicolas.

On sait que vers 1098, un gentilhomme lorrain, Albert de Varangéville, rapporta de Bari une relique insigne de Saint-Nicolas. Il avait déposé cette relique dans sa maison où elle opéra plusieurs miracles. Cette relique fut ensuite placée dans la chapelle de N.-D. ; elle opéra là encore une foule de prodiges miraculeux. On venait la vénérer de tous les points de la Lorraine et de la Vôge. En 1101 la chapelle fit place à une grande église qui fut bientôt insuffisante. En 1193 on en éleva une autre à proximité. Vers 1494 ces deux églises furent elles-mêmes remplacées par la basilique actuelle dont la construction dura 50 ans.

Parmi les prodiges accomplis par Saint-Nicolas en Lorraine il faut citer surtout la délivrance du comte de Rechicourt. Ce seigneur lorrain combattait vers 1240 les infidèles en Terre-Sainte. Fait prisonnier, enfermé dans une grosse tour, chargé de chaînes, il se recommanda à Saint-Nicolas. Une nuit, celle qui précédait la fète du Saint, il est mystérieusement enlevé de son cachot, durant son sommeil et tout enchaîné, se voit transporté en Lorraine et déposé au seuil de l'église de Saint-Nicolas. Les chaînes du prisonnier furent conservées dans la basilique jusqu'à la révolution.

Un grand nombre de rois et de personnages illustres ont fait le pèlerinage de Saint-Nicolas-de-Port. (1)

---

(1) Sur Saint Nicolas-de-Port, voir les intéressants ouvrages de M. E. Badel, imprimerie Crepin-Leblond, Nancy.

Le pèlerinage n'a pas cessé, tous les ans on le renouvelle, combien vont à saint-Nicolas implorer le grand Thaumaturge !... Et combien y vont pour marcher sur la fameuse bonne pierre. Jeunes gens, jeunes filles, dit M. Badel, veuves en long voile noir, antiques damoiselles aux solides espoirs, combien accourent mettre le pied droit, non le gauche, sur la bonne pierre qui a la vertu spéciale de faire marier dans le cours de l'année ! Chez nous, en Lorraine, saint Nicolas n'est- il pas encore le patron des filles à marier ? Un acte de charité bien édifiant, et que rapporte la légende du bréviaire lui vaut cet honneur. « De temps immémorial, écrit M. l'abbé L'hôte, dans la *Vie des Saints du diocèse de Saint-Dié*, le diocèse de Toul célébrait, à la date du 9 mai, l'anniversaire de la Translation de saint-Nicolas. Nous n'avons pas conservé cette fête dans notre diocèse depuis le rétablissement de la liturgie romaine. Dans le diocèse de Nancy, on la célèbre maintenant le 13 mai, sous le rite double.

9

En 1308, Thiébaut II, duc de Lorraine, fonda à Darney une Collégiale de treize chanoines séculiers, sous l'invocation de notre saint.

Jadis, dans la Collégiale de Saint Dié, on solennisait les deux fêtes de Saint-Nicolas. Les Complies étaient suivies d'une procession dans le Cloître. On y chantait l'hymne *Pange Lingua Nicolaï*, et au retour l'officiant s'arrêtait devant la chapelle et l'autel du Saint (aujourd'hui chapelle Saint-Joseph) pour y réciter l'oraison. »

Dans nos Vosges, saint Nicolas est surtout le patron des enfants ; c'est au jour de sa fête qu'ils reçoivent leurs plus belles récompenses.

« Saint Nicolas, se disent-ils ces jours-ci, doit m'apporter de superbes jouets. » En effet, saint Nicolas vient en personne récompenser nos chers enfants ! Quel voyage il accomplit ! Du ciel à la terre ! Et quelle tournée, par cette saison, de villes en villages, de maison en maison ! Quand saint Nicolas est trop pressé, il laisse tomber par la cheminée les joujoux et les bonbons que l'on recueille dans les petits souliers, dans les sabots de bois, mis là tout exprès !

Mais dans nos montagnes, presque toujours il passe dans toutes les maisons où il y a des enfants sages. Il vient, la veille de sa fête, à la tombée de la nuit. Son approche est annoncée par un coup de clochette. Il apparaît en aube blanche, en chasuble d'or, mitre en tête, crosse en main, avec sa longue barbe blanche, escorté de son vilain laquais *le père Fouettard*, suivi de sa bourrique qui porte les trésors du Paradis. Il entre, les enfants se jettent à genoux, récitent leurs prières ! La maman est là, agenouillée elle-même derrière ses chéris, les aidant, car ils tremblent d'émotion devant ce saint, venu exprès du ciel, devant ce terrible Fouettard qui connaît et qui va accuser leurs moindres peccadilles.

Saint Nicolas écoute gravement ; donne des compliments et quelques légers reproches ; puis fait un signe et alors des paniers portés par la bourique sortent des merveilles qui roulent aux genoux des enfants ravis.

Le père Fouettard lui aussi fait son cadeau ; il laisse à la maman un petit fagot de verges pour les jours d'indocilité !

Quelle charmante mise en scène ; quelle naïve et antique coutume si bien conservée en notre pays !

Une autre tradition non moins intéressante de la saint Nicolas en nos montagnes c'est l'habitude de donner aux gâteaux aux sucreries, aux pains d'épice la forme d'un évêque représentant saint Nicolas ; voire même la forme du père Fouettard ou encore de sa bourrique.

Puissent ces antiques et salutaires traditions se perpétuer ; elles sont la preuve que saint Nicolas notre Patron, est toujours vénéré aimé et prié par les petits et par les grands.

L'HIVER DANS LES VOSGES

Ses Fêtes et ses Traditions

I

NOËL

« *Noël, Noël ! Cri d'espérance !* »

L'automne finit comme un entr'acte ;
est-ce autre chose dans nos montagnes ?
Et, au souffle aigu de la bise, l'hiver entre
en scène, armé de pied en cap, nous cin-
glant le visage, impitoyable comme un
créancier.

On l'appelle la mauvaise saison ; elle a

cependant ses charmes et ses bienfaits.
Dans les Vosges surtout, l'hiver a quelque
chose de particulièrement beau. Il est sauvage, grandiose, pittoresque. Parfois sous
d'épaisses brumes laiteuses, il nous voile
les pics et les ballons ; ou bien, découpés
sur l'horizon, blancs d'une neige immacu-
lée qui miroite au soleil, il nous les montre comme des régions mystérieuses et
inaccessibles.

Etes-vous partisans des courses au grand
air, des chevauchées, de la chasse, des
marches sous bois ? Faites l'ascension
d'un col vosgien dans sa parure de neige ;
vous comprendrez alors toute la poésie de
l'hiver. Sous les sapins poudrés et déchi-
quetés par les floraisons du gel, vous res-
pirerez la puissante odeur des sapinières
« ce parfum qui n'a pas de nom ni de
saison, le parfum des résines », et, vous
aussi, comme le vieil Ulrich, l'Oncle de
Jean Oberlé, vous vous écrierez dans votre
enthousiasme : « Bravo l'hiver ! Bravo
les Vosges ! »

Mais ce qui fait le charme de l'hiver

dans la montagne ; ce n'est pas seulement
sa beauté extérieure si pittoresque, quelque fois si terrible ; ce sont les vieux souvenirs, les antiques traditions, les coutumes d'antan qu'il ramène avec les fêtes de
décembre et de janvier, fêtes chrétiennes
et fêtes familiales ; avec les longues soi-
rées, avec le froid lui-même.

C'est le froid qui allume le feu dans la
cheminée, et c'est le feu pétillant qui pro-
voque les veillées.

Ame éloquente et mystérieuse, quelles
heures délicieuses le feu fait passer aux
amis réunis devant sa flamme bleue et
chantante. C'est là, devant le feu que se
redisent les vieilles histoires, les contes,
les légendes, que les enfants écoutent et
retiennent. Autour du feu de l'hiver se
perpétuent les traditions locales ; et, ce
n'est pas sans raison que les peuples ont
résumé tout ce qui se rapporte à la famille
toutes les tendresses, toutes les intimités
tous les souvenir, tous les espoirs dans
ce seul mot : le foyer !

La veillée est donc la première coutume

hivernale de la montagne. Tantôt chez l'un, tantôt chez l'autre, elle réunit les voisins, les amis ; et, tandis que les hommes causent en fumant devant l'âtre, les femmes tricotent ou filent l'antique quenouille. On termine la veillée en *reci-nant* ; c'est-à-dire en *cassant une croûte et en buvant une goutte.*

La plus grande, la plus solennelle des veillées, c'est la veillée de Noël.

D'ailleurs, dans les montagnes vosgiennes, la fête de Noël a conservé un cachet tout spécial de pieuse antiquité et de gracieuseté.

La messe de minuit est attendue dans les longues heures de cette veillée moitié profane, moitié recueillie. Jadis, tandis que dans le foyer se consume la bûche de Noël, vêtue par la flamme et la fumée de bleu et de rose, l'on chantait les vieux noëls aux paroles si naïves, aux airs si imprégnés de couleur locale.

N'est-ce pas dans toute la chrétienté que l'on chante les noëls populaires dont l'origine remonte au temps où l'on jouait les

Mystères dans les églises, au temps où
l'on dansait les *caroles* en chantan « chan-
son moult nouvelette » ?

Tout en célébrant la plus douce des
fêtes ; la nativité, ces villanelles nous ren-
seignent sur les usages populaires. Ils
nous disent les mets du réveillon ; la bénédiction de la bûche de Noël, la coutume
de donner, après la messe de minuit, un
picotin au cheval et à l'âne, une botte de
foin au bœuf et à la vache, Ils disent aussi
les présents en nature que l'on offrait à
l'église en l'honneur de l'enfant-Dieu, Ils
disent surtout la foi du peuple, ses prières,
ses espérances.

Ils donnent la parole même aux ani-
maux qui chantent chacun en leur langage la naissance du Fils de Dieu.

> « Le coq, d'une voix fière,
> Chante : « Coquerico,
> J'annonce la Lumière,
> Salut, Astre nouveau ! » (1)

Un vieux noël Lorrain fait défiler devant
la crèche, à la suite des anges, des ber-

---

(1) Cité par Nicolay.

gers, les filles de tous les villages des environs de Nancy ; chacune fait son cadeau:

> « Les filles de Maxéville,
> Comme en procession
> Leurs paniers bien garnis,
> Vont trouver le Poupon.
> . . . .
> Celles de Lay, de Laxou,
> . . . .
> Aussi celles de Villers
> Négligeant leurs affaires,
> Se mettent toutes en chemin
> Pour trouver le *Soula* (le Sauveur)
> Du Monde, aussi sa Mère » (1)

Un autre noël Lorrain fait sortir de leurs couvents toutes les religieuses et les amène devant le berceau de Béthléem :

> « Tous les couvents de filles
> Ont la permission,
> D'abandonner leurs grilles.
> . . . .
> Les dames Bernardines
> S'en vont faire leur cour
> En braves pèlerines,
> . . . .
> Voici, les Carmélites,
> « Entrez, dit le Poupon,
> Venez, mes favorites,
> Qu'apportez-vous de bon ? »
> « Nous apportons nos cœurs

----

(1) Recueils de Noël anciens

> Ils ne sont pas pour d'autres,
> Nous vous les présentons,
> Votre amour les rendra,
> Tous semblables au vôtre ! » (1)

Parmi les noëls cités par M. Nicolay, il en est un original et bizarre qui est chanté encore dans certaine partie des Vosges ; voici le dernier couplet :

> « Quel présent faut-il porter
> Au nouveau Maître ?
> Robin pour l'emmaillotter
> Offrira des linges
> Grosgilet un agnelet
> Moi, je porte du lait
> Et le plus beau, beau, beau,
> Le plus fro, fro, fro,
> Le plus beau, le plus fro,
> Le plus beau fromage
> De notre village ! »

Enfin un autre noël lorrain nous montre les bergers offrant :

> Deux fromages de Gérardmer
> A la bonne mère Marie. » (2)

Dans la montagne, ils abondent les vieux noëls versifiés, en patois, en français, plusieurs même pourraient être aussi ap-

---

(1) Recueils de Noëls anciens.
(2) Un ancien noël lorrain — E. Badel

pelés *noëls farcis,* car ils sont entre mêlés
de vers français et de vers patois.

L'usage de bénir une grosse bûche de
bois, pour la brûler ensuite lentement dans
la cheminée, à la veillée de Noël, rappelle
non seulement la bénédiction du feu, du
foyer, au milieu du froid de l'hiver, mais
aussi la redevance de bois qu'au temps féodal les manants payaient au châtelain, à
la Noël.

Mais voilà qu'au milieu de la veillée, à
travers la nuit, les cloches se mettent à
chanter. C'est l'annonce de l'office noc-
turne. Oh ! qu'il est doux et joyeux le carillon qui chante le Verbe Incarné, la
joie du Ciel, la délivrance et l'exaltation
de la terre ; l'apparition parmi nous,
comme petit enfant, du Dieu qui précède
les siècles !

Tous l'entendent avec la joie des bergers réveillés par les chœurs angéliques :
Gloria in excelsis Deo ! Ces paroles sont
sur toutes les lèvres, lorsque, des sentiers
de la montagne, éclairée de mille falots
tremblants on descend par groupes vers

l'église paroissiale dont les vitraux flam-
boient d'un rouge vif à travers la blanche
obscurité. Le chœur est illuminé, la nef
aussi, la nef où se pressent les fidèles ; car
à la messe de minuit chaque famille est re-
présentée, on n'a laissé qu'un seul gar-
dien à la maison. Grands et petits prient
et admirent dans l'église l'illumination,
les chants et la crèche, où de la mousse
et de la paille émerge un minuscule Enfant Jésus qui tend ses petits bras.

Cet usage d'établir dans chaque église
une crèche que représente la naissance
du Sauveur est bien suggestif et bien
puissant pour toucher l'imagination et le
cœur des enfants et leur expliquer ce
grand mystère de l'Incarnation.

La plus belle pratique de la fête de Noël
est celle si ancienne en nos chrétiennes
paroisses, de faire la communion à la
messe de minuit. Cette nuit là en effet,
les communions sont aussi nombreuses
qu'au jour de Pâques !

Que parmi les coutumes populaires de
la Noël, la superstition n'ait pas sa part,

nous n'oserions l'affirmer. Mais où ne l'a-
t-elle point ? ainsi l'on aura soin de noter
de quel côté souffle le vent, au moment où
l'on sort de la messe de minuit ; si c'est
le vent du Sud, l'année qui commencera
bientôt sera une année de pluie, si c'est
le vend du Nord, on doit s'attendre à la
sécheresse. Pourquoi cela, me direz-vous ?
Parce que... mais cela nous entraînerait
trop loin !

En bien des endroits de la montagne,
avant d'aller à l'office de la nuit, il n'est
pas rare de voir arranger sur une assiette
douze oignons à la file. Le premier repré-
sentait Janvier, le deuxième Février, etc.
Sur chaque oignon qui a été pelé, on a
déposé quelques grains de sel. Au retour
de la messe on visite l'assiette aux oignons
qui a été placée sur la cheminée, on re-
garde sur quels tubercules le sel est fondu
et on conjecture d'après cela quels seront
les mois secs et les mois de pluie.

Est-ce infaillible ? Faites-en l'expérience !

L'office terminé, la part de Dieu faite et
bien faite, l'homme peut bien prendre la
sienne.

Voici donc le réveillon ! Ils sont renommés dans tous les pays les réveillons de Noël. Qui ne connaît le *pudding*, le *porridge* du *christmas* anglais, ou l'oie rôtie du *christkindel* allemand ?

En Alsace le réveillon se fait avec des saucisses, des jambons, des boudins arrosés de vin blanc. C'est le *Kuttelschmauss.*

Chez nous on réveillonnera plutôt avec du vin, de l'eau de vie et des *coigneux*, gâteaux à forme particulière, fabriqués exprès pour la fête de Noël. Il est d'usage que les parrains et marraines donnent à leurs filleuls un coigneux à Noël. C'est un acompte sur les étrennes.

« Le nom français de cette pâtisserie, dit X. Thiriat, n'existe pas dans le dictionnaire de l'Académie. A Saint-Amé on dit *gueugna*, à Dommartin *queugno*, au Tholy *coinue*, à Gérardmer *coïeue*, à Granges *coïn*, à Rambervillers *cogneu.* » (1)

Le mot coigneux, paraît-il, dérive du latin *cubans*, couché en un berceau :

« *Pro nobis egenum et fœno cubantem* » chante-t-on dans l'*Adeste fideles.*

---

(1) La Vallée de Cleurie, p. 329.

Moins poétique mais plus logique est l'étymologie que fait venir *coigneux* de l'allemand *Kuchen*, gâteau.

La coutume de l'arbre de Noël, si populaire en Allemagne et en Russie, commence à s'introduire chez nous, mais ce n'est pas une tradition, c'est une importation qui nous vient des Alsaciens si nombreux dans nos populations ouvrières. Elle s'est vite acclimatée.

Ne nous en plaignons point, l'arbre de Noël enrubanné, chargé de bonbons, de jouets ; n'est-il pas après les merveilles de la Saint Nicolas, une nouvelle joie, une nouvelle surprise et récompense pour les enfants à qui l'on enseigne à croître en grâce et en sagesse comme leur divin Modèle, l'Enfant Jésus ?

Cependant l'arbre de Noël n'a-t-il pas une origine païenne, mythologique, rappelant les légendes des dieux de l'Olympe germanique? Ce sapin décoré n'est-il pas le viel arbre de la fête de Joul ou de Joël, fête de l'équinoxe d'hiver, célébrée par les Scandinaves et les vieux germains autour de l'arbre toujours vert ? L'antique rite païen s'est conservé à travers les âges mais le christianisme en a fait oublier l'origine, et l'arbre de Noël qui abrite la crèche a été sanctifié.

La fête de la nativité du Sauveur se célèbre solennellement depuis le second siècle ; mais ce n'est qu'à partir du IVe siècle que les églises d'Orient l'ont fixée au 25 décembre.

Auparavant on la solennisait soit au 6 janvier car on la confondait avec l'Épiphanie, soit même au 15 mai ou au 20 avril.

L'Eglise catholique d'Arménie a conservé l'usage de célébrer au 6 janvier cette fête qu'elle appelle *Théophanie* : *apparition de Dieu*. Quant au mot *Noël* les étymologistes peuvent en chercher la racine dans le mot *Natale*, ou encore dans le nom *Emmanuel ; Dieu avec nous !*

La coutume de célébrer trois messes en la fête de Noël, est aussi très ancienne. Le sacramentaire de S. Gélase et celui de S. Grégoire indiquent déjà trois messes Cependant les anciennes liturgies gallicane,

mozarabe et ambrosienne n'en ont qu'une.
Au temps de Saint Grégoire de Tours,
dans les Gaules, on commença à dire deux
messes à Noël, l'usage des trois messes
vient quelques siècles après. Au VIIIe
siècle il y avait même des églises où l'on
célébrait quatre messes, le jour de la Nativité du Sauveur.

C'est de tout temps que l'on a fait un
office à minuit, l'heure où le verbe fait
chair est venu habiter parmi nous ; et
toujours la cérémonie de la nuit de Noël
a été d'une beauté poétique et divine.
Dans l'antique église byzantine surtout
les liturgiques de la sainte nuit étaient
ravissants par leur symbolisme. On y
chantait l'invitatoire comme aujourd'hui
« *Venez tressaillons dans le Seigneur* et
la proclamation du Ménologe : *Auguste
était seul prince...*, et l'hymne des premiers siècles : *Lumière joyeuse de la
Sainte Gloire.*, les leçons des prophètes,
les récits de l'évangéliste, les strophes
d'Anatole, le Patriarche... etc...

En Orient, dès le temps de saint Augus-

tin la liturgie de la fête de la Nativité commençait par la nuit qui précède le 25 décembre. Tous les fidèles étaient tenus de
se rendre à l'église, durant cette nuit
sainte; et tous devaient communier le jour
de Noël, sous peine d'une excommunica-
tion de trois ans.

Pour en revenir à notre pays sous l'ancien régime à Noël, comme à Pâques, les
évèques, les monastères, entre autres celui de Remiremont avaient le droit de
faire ouvrir et évacuer les prisons, et d'interdire l'entrée des églises à tout juge qui
n'aurait pas déféré à la simple réquisition
faite par eux à ce sujet. La délivrance des
prisonniers était accompagnée d'une cérémonie avec prières, processions rites
particuliers dont on peut voir le détail
dans un acte de 1366 inséré au mémorial
ou livre du doyenné du chapître de Remiremont.

La bûche de Noël nous a appris que
c'était à la Noël que l'on payait au Seigneur les redevances non seulement en
bois, mais les redevances de toute nature.

*

C'est le lendemain de Noël, à la Saint-Etienne que les marcaires des Hautes-Chaumes, louent et engagent pour un an les garçons de ferme ; le *vachier* des montagnards lorrains, le *Kasbub* des alsaciens Cet usage persiste toujours non seulement dans les Hautes-Chaumes, mais aussi dans les campagnes de la plaine.

Saint Etienne, diacre, premier martyr, est le patron des diacres ; aussi, c'est de temps immémorial qu'au séminaire les diacres célèbrent leur patron, en une fête de famille charmante et joyeuse.

Le jour des Saints Innocents (28 déc.) ramenait jadis la *fête des fous* de « piquante mémoire, aujourd'hui presque oubliée, bien que l'on puisse dire avec un vieux poète :

> « Les fous sont toujours de saison,
> Et qui n'en veut point voir
> Doit se tenir tout seul et casser son miroir. »

Il semblait nécessaire autrefois de solenniser cette fête par du bruit et d'extravagantes folies. Une ancienne séquence de l'office du moyen-âge recommande aux

enfants de célébrer les innocents martyrs
par de bruyantes mélodies ?

> « Celsà pueri concrepent melodià
> Pia Innocentum colentes tripudia »

Aussi les jeunes clercs et les enfants de
chœur des maîtrises avaient-ils ce jour-là
une cérémonie bien originale. Ils tiraient
un évèque au sort ; on revêtait l'élu d'or-
nements pontificaux, et, monté sur un
âne blanc caparaçonné de pourpre et d'or ;
l'évèque d'un jour faisait procession en
ville. Il revenait à Vêpres, et, au verset
Deposuit potentes du *Magnificat* ; il descendait du trône et résignait ses insignes.

Cette fête des innocents appelée fête
des fous, était célébrée en bien des diocè-
ses. On remarque dans les statuts de l'église
cathédrale de Toul un article intitulé :
« *De festo et episcopo innocentium* » con-
tenant un grand nombre de particularités
curieuses sur cette fête des innocents.
Cet article est immédiatement précédé
d'un autre intitulé « *De modo sepeliendi
Alleluia* »

---

(1) Voir les Hautes-Chaumes des Vosges, par P. Boyé,
p. 364.

La fête des innocents, d'abord naïve et innocente dégénéra facilement en grotesques parodies ; bien souvent elle fut interdite, elle tomba dans l'oubli, cependant on la voyait encore quelquefois au XVIIe siècle.

LE NOUVEL AN

La coutume de commencer l'année au premier janvier n'est relativement pas très ancienne.

Le mois de janvier est ainsi nommé de *Janus*, divinité à laquelle il était consacré. Janus, au double visage, connaissant le passé et l'avenir, roi et dieu du Latium avait à Rome un temple dont les portes — *januæ* — restaient ouvertes en temps de guerre et fermées en temps de paix.

Le mois de *janus*, janvier, fut introduit dans l'année romaine par Numa Pompilius; il y occupa d'abord le onzième rang

et fut mis au premier à l'époque de la ré-
forme du calendrier par Jules César. Mais
après la chute de l'empire romain, l'usage
s'introduisit chez les peuples chrétiens de
rapporter le commencement de l'année à
un évènement de la vie de N. S. Les uns
inauguraient le nouvel an à l'Annonciation, d'autres à Pâques, d'autres à Noël.

On voit que la coutume de la cour de
Rome, de recevoir à Noël les visites offi-
cielles à l'occasion du renouvellement de
l'année, a une origine aussi ancienne que
chrétienne.

Sous les rois d'Austrasie, le 1er mars
était le jour du nouvel an, de la nomina-
tion des magistrats, de la revue des trou-
pes.

En Lorraine, de 855 à 959, l'année commençait à Noël, comme en Allemagne, mais
la règle n'était pas uniforme, puisque à
Saint-Dié comme à Trèves, le jour du
nouvel an était le 25 mars, ainsi que nous
l'apprend le chanoine Riguet.

A Remiremont et dans toute l'étendue
de la juridiction de cette abbaye, comme

à Metz, à Verdun, l'année commençait le Samedi-Saint après la bénédiction du cierge pascal.

Aussi, écrit Dom Calmet « tous les « jours il naissait des difficultés à cause « de l'incertitude et variété du milliaire et « du commencement de l'année ; les uns la « commençaient le jour de Noël, les autres « à l'annonciation de N.-D., et les autres « jour de Pâques communiant. Pour obvier « aux inconvénients de cette variété de « dates, et pour introduire une parfaite « uniformité dans les actes judiciaires et « instruments publics, le duc Charles, par « un écrit du 15 novembre 1579, ordonne « qu'à l'avenir, en tous actes, registres, « comptes, etc., le milliaire de l'année « commencerait du premier jour de jan- « vier suivant, que l'on dirait 1580, et « défendit à tous juges, greffiers et autres « personnes de dater autrement. » [1]

Le vieux système qui faisait coincider le premier jour de l'an avec une fête de N. S. ne fut abandonné qu'avec peine.

---

[1] *Hist. de Lor.*, vol. 3. liv. 3.

C'est le vénérable chapitre de Saint-Dié qui demeura le plus longtemps fidèle à la pieuse tradition, car, nous apprend encore Biguet, ce ne fut qu'en 1586 que l'église de Saint-Dié observa pour la première fois l'ordonnance ducale sur le Nouvel-An.

Le premier janvier est le jour des souhaits, des visites, des étrennes.

C'est une coutume polie, charitable, chrétienne que d'exprimer à ses parents, à ses amis, à ses supérieurs des vœux de bonheur pour la nouvelle année. Ce sont des témoignages d'affection, d'amitié, de respect.

Dans les Vosges, surtout parmi les populations montagnardes, tous se souhaitent une année heureuse. On se salue par des souhaits on se serre la main, on s'embrasse.

Les petits enfants apprennent de gentils compliments qu'ils récitent à papa et à maman au parrain et à la marraine qui doivent donner des étrennes.

Dans les villages les enfants vont de porte en porte et récitent l'antique formu-

le si connue : « *Je vous souhaite une bonne
année, une bonne santé le Paradis à la fin
de vos jours !* » De chaque maison ils reçoivent un petit cadeau qui consiste habi-
tuellement en fruits.

Si l'espace nous sépare de nos amis, nous
leur envoyons des souhaits que la Poste
se charge de transporter. La plupart du
temps ils sont résumés sur le bristol d'une
petite carte qui porte notre nom. La carte
fait, pour nous, visite à l'ami éloigné, aussi
la nomme-t-on justement *carte de visite*.

Cette coutume si universelle, on pourrait
dite aujourd'hui si banale a cependant une
origine vieille de près de 300 ans. Un
sonnet de *Jean de la Monnaye*, poète du
XVIIIᵉ siècle fixe la date de l'avènement
de la carte de visite au temps de Louis XIV.
Voici ce sonnet qui fait parler la carte de
visite elle-même :

« Souvent, quoique léger, je lasse qui me porte
Un mot de ma façon vaut un ample discours.
J'ai, sous Louis le Grand, commencé d'avoir cours,
Mince, long, plat, étroit, d'une étoffe, peu forte.

Les doigts les moins savants me taillent de la
[sorte.

Sous mille noms divers je parais tous les jours.
Aux valets étonnés je suis d'un grand secours.
Le Louvre ne voit pas ma figure à sa porte.

A moi tous ont recours, et la plupart du temps
Je sers aux effrontés comme aux honnêtes gens :
Civil ; officieux, je suis né pour la ville.

Dans le plus dur hiver, j'ai le dos toujours nu
Et quoique fort commode, a peine m'a-t-on vu
Qu'aussitôt négligé je deviens inutile ! »

L'utilité des cartes de visites c'est de rappeler chaque année à ceux qui l'oublieraient le nom d'une personne amie qu'on ne voit que rarement mais qui pense encore à vous.

La superstition se mêle encore aux souhaits de bonne année. Ainsi, qu'une femme ne soit pas la première à vous souhaiter la bonne année ; cela vous porterait malheur pour toute l'année ! Voilà ce qu'on croit dans la montagne avec bien d'autres absurdités encore. Si le jour du Nouvel an par exemple tombe un dimanche, sachez que l'été sera sec et parfaitement bon ; les bêtes et les moutons viendront bien, et l'enfant, né ce jour là, sera grand et riche.

Malheureuse doit être l'année qui commence par un lundi... Je ne me charge pas de vous dire pourquoi.

La meilleure manière de souhaiter la bonne année est d'offrir des étrennes.

Si l'étymologie de ce mot *étrenne* est véritable, les étrennes sont aussi vieilles que les Romains eux-mêmes. À l'époque où les Romains et les Sabins se réunirent pour ne former qu'un seul peuple ; il y avait près de Rome un bois sacré dédié à la déesse *Strenua* ; et les Romains pour célébrer cette union coupèrent des rameaux verts dans ce bois et les présentèrent à ceux-ci comme un symbole de paix et d'union.

Ce jour était précisément le 1er du mois consacré au dieu *Janus* ; aussi pour rappeler ce fait d'heureux présage, les Romains en perpétuèrent le souvenir en se faisant chaque année à la même époque quelques présents que l'on appela *strenæ* du nom de la déesse Strenua.

On prétend aussi que l'origine aussi bien que l'étymologie des étrennes vient

de ce que au premier jour de l'an on avait
l'habitude de récompenser les soldats cou-
rageux (*viris strennis*). Mais l'usage des
étrennes était déjà connu avant la domi-
nation romaine dans les Gaules. — La cérémonie de la cueillette du gui sacré par
les Druides se faisait dans la nuit qui commençait l'année gauloise ; c'est-à-dire la
6ᵉ nuit de la nouvelle lune après le sols-
tice d'hiver. Les druides distribuaient le
gui comme panacée universelle, le jour
du Nouvel an. Et cet usage se perpétua
sous diverses formes dans les différentes
parties de la France. Au XVIᵉ et même au
XVIIᵉ existait encore, le jour du Nouvel
an, la cérémonie appelée *Guilanleu*, ou *a
gui l'an neuf* qui consistait à se faire des
présents. C'est pour cela encore qu'en
bien des pays les étrennes sont appelées
aguilanlettes ou *aguignettes*.

Les objets qui s'échangeaient à l'occasion
du Nouvel an étaient forts variés : On
offrait des rameaux verts, des comestibles,
des vêtements, des pièces de monnaie. On
a retrouvé beaucoup de monuments de

petites dimensions, relatifs aux vœux du Nouvel an; chez les anciens Romains ce sont des médailles, des lampes, des tessères de métal, de terre cuite portant comme inscription, des souhaits gracieux, comme celui-ci : « *Annum faustum felicitem tibi. Que l'année nouvelle vous soit favorable !* » (1).

Il y a cent ans les confiseurs de Paris vendaient pour étrennes les *dragées de la Paix*, des *pralines à l'Egyptienne*, des *fondants aux pyramides*, des bonbons à *la Bonaparte*, des fruits confits à la *cocarde nationale* enveloppés de papier tricolore.

Aujourd'hui les joujoux, avec les bonbons qui sont de tous les temps, sont les héros du jour : les jouets perfectionnés et scientifiques qui prouvent que nous avons traversé le siècle du progrès !

Dans la montagne vosgienne, les parrains et marraines offrent à leurs filleuls des *étrennes utiles*. C'est une culotte neuve pour le petit garçon, un beau chapeau : un coupon acheté à la fabrique pour faire une jolie robe à la petite fille !

____

(1) *Dict. des antiq. chrét.* MARTIGNY.

Le Nouvel An donnait lieu chez les païens à des fêtes superstieuses et immorales, et, dans les premiers siècles l'Eglise eut fort à faire pour réprimer ces pratiques licencieuses dans lesquelles tombaient les Chrétiens. Un concile tenu à Auxerre en 578 défend de se déguiser le premier Janvier en vache, en chèvre (1) de se livrer aux excès de table, d'acquitter des vœux à des buissons, à des arbres, à des fontaines, de faire des pieds d'hommes avec du linge, pour les déposer sur les grands chemins.

Une coutume vosgienne qui a persisté, est celle de décorer les fontaines, le matin du premier janvier ; d'un sapin enguirlandé qui rappelle l'arbre de Noël.

Enfin, en plusieurs villages on a le pieux usage de régaler un ou deux pauvres, le premier Janvier ; chaque maison a les siens attitrés. Eux aussi, les deshérités de la fortune et du bonheur, ils vont de porte en porte souhaiter aux riches, à ceux qui

---

(1) Non licet Calendis januarii vitula unt cervolo facere.

sont ou paraissent plus heureux qu'eux, les bénédictions du Ciel. En chantant une complainte monotone, aussi peu élégante que leur aspect, mais pieuse et naïve, ils invoquent *toutes sortes de prospérités* sur la maison et sur ses habitants qui leur font fête !

« Les autres donnent des étrennes, disait Saint Augustin, vous, chrétiens, donnez des aumônes ! » Quelle belle et consolante maxime mise en pratique par cette coutume de nos montagnes ! Oui, donnons des étrennes à nos amis, mais tandisque chacun se réjouit, félicite, complimente son voisin ; par une aumône, donnons une étrenne au pauvre; à celui qui prévoit que l'avenir sera triste comme le passé qui est mort, donnons un peu de joie et d'espérance !

Ce sera en même temps donner des étrennes au Bon Dieu !

TABLE DES MATIÈRES